5時間で合格!

漢検[超頻出]ドリル 4級

岡野秀夫 著

高橋書店

5時間で合格! 漢検4級【超頻出】ドリル

もくじ

編集協力 シーティーイー
鴎来堂

本書の特長

最短5時間で合格できる効率的な学習法 1

1～5時間の授業形式。自分のレベルを意識しながら短期集中での合格を目指せます。

書き込んでも、チェックシートでも 2

「解答を折り曲げて隠しながら解く」「赤チェックシートで隠しながら解く」「書き込みながら解く」…さまざまな学習スタイルに合わせて使えます。

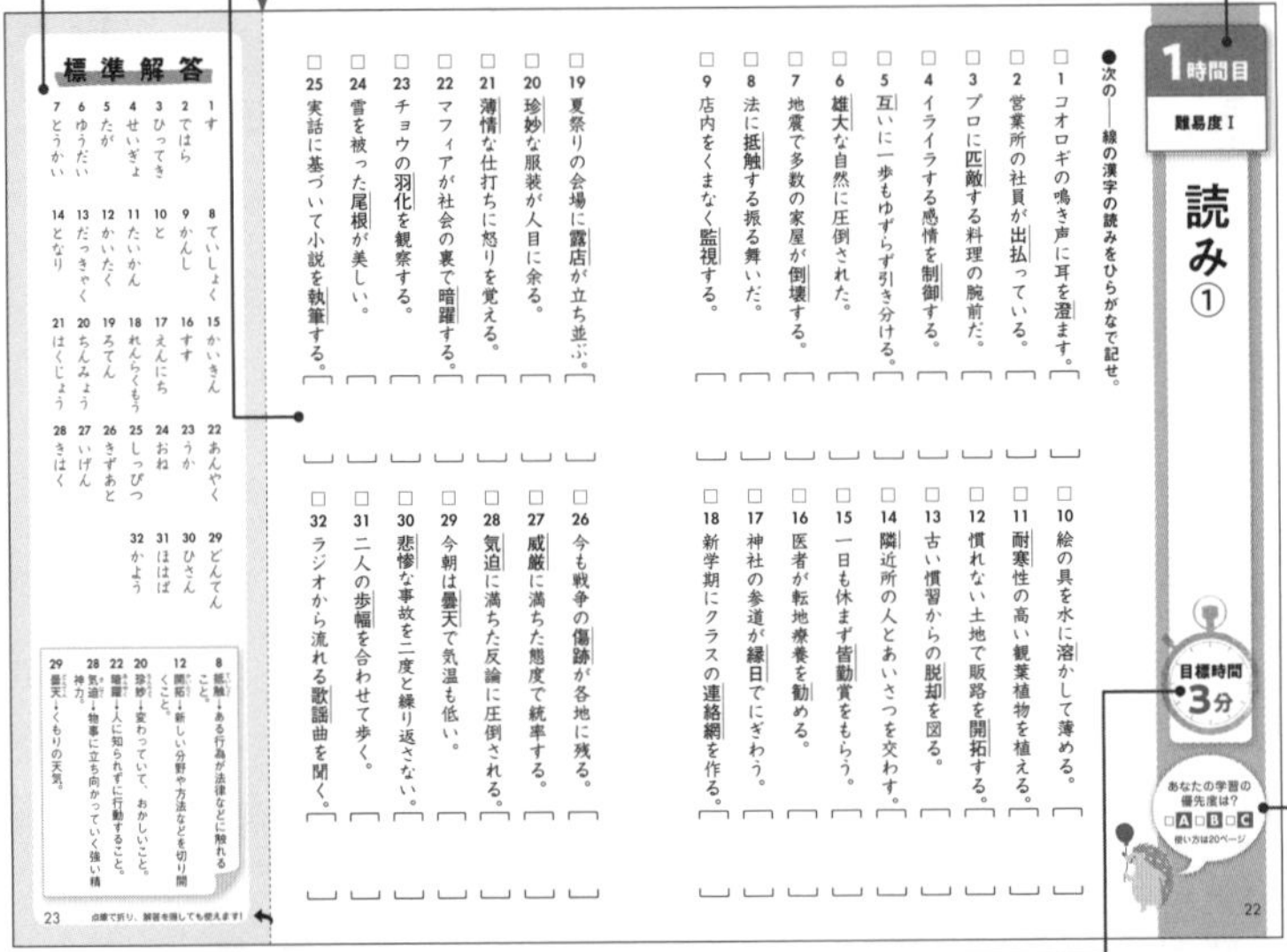

学習の優先度を決められる 3

巻頭の「弱点発見テスト」「弱点発見シート」で分析し、自分の苦手の分野から取り組めます。

見開き10分以内で解ける! 4

「試験によく出る漢字」を厳選。目標時間を目安にスピード感をもって学習できます。

凡例

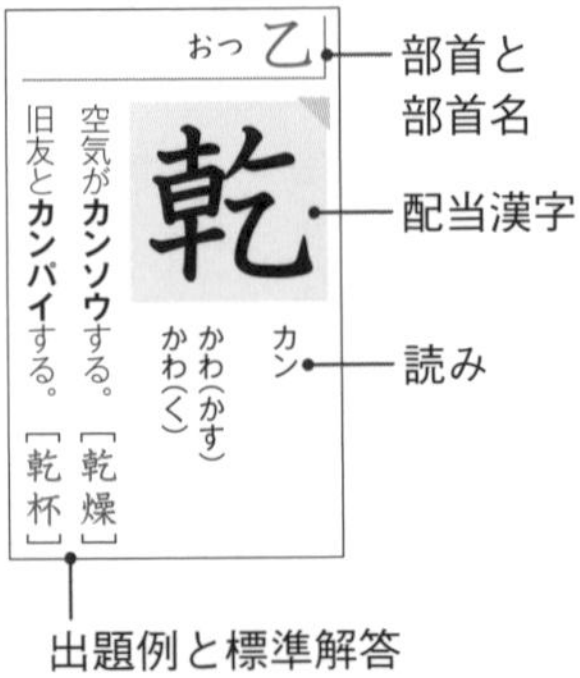

部首でグループ分けした配当漢字 5

一問一答式で書き取り&部首対策ができます。

本書の使い方

1　出題傾向と学習のポイントを知る（8～9ページ）

2　「弱点発見テスト」で学習の優先度を分析（10～20ページ）

「弱点発見テスト」→「弱点発見シート」で
学習優先度の高い分野をチェック。

3　分野別学習ページで対策（1時間目～4時間目）

効率よく合格を目指すなら、自分の学習優先度の高い分野から始めるのもおすすめ。

分野	ページ
読み	22-27、56-65、90-97、124-131
同音・同訓異字	28-31、66-67、98-105、132-133
漢字識別	32-33、68-69、106-107、134-137
熟語の構成	34-35、70-71、108-109、138-143
部首	36-37、72-75、110-111、144-147
対義語・類義語	38-39、76-77、112-113、148-149
漢字と送りがな	40-41、78-79、114-115
四字熟語	42-43、80-81、116-117、150-153
誤字訂正	44-45、82-83、118-119、154-155
書き取り	46-53、84-87、120-121

4　「模擬テスト」にチャレンジ！（5時間目）

5　「補習授業」で更に得点力アップ！

新出配当漢字対策　部首別に漢字を収録。一問一答式でまとめてチェック！
部首［出る順］ランキング

漢字検定の受検ガイド

出題内容

4級

主な対象学年	中学校在学程度
主な出題内容	読み／書き取り／部首・部首名／送りがな／対義語・類義語／同音・同訓異字／誤字訂正／四字熟語／熟語の構成
合格基準	70％前後
満点	２００点
検定時間	60分

5級

主な対象学年	小学校６年生修了程度
主な出題内容	読み／書き取り／部首・部首名／筆順・画数／送りがな／対義語・類義語／同音・同訓異字／誤字訂正／四字熟語／熟語の構成
合格基準	70％前後
満点	２００点
検定時間	60分

主な申し込み方法

① インターネット

協会のホームページ(https://www.kanken.or.jp/)から申し込むことができます。クレジットカード決済、コンビニ決済などが可能です。

② 書店

取扱書店で検定料を支払い、願書と書店払込証書を協会へ郵送します。

③ コンビニエンスストア

コンビニエンスストアにある端末機で申し込み、レジで検定料を支払います。ローソンの「Ｌｏｐｐｉ」、ミニストップの「ＭＩＮＩＳＴＯＰ Ｌｏｐｐｉ」、セブン-イレブンの「マルチコピー」、ファミリーマートの「Ｆａｍｉポート」などが対応しています。

実施《じっし》要項

1 受検資格

希望者はだれでも受検することができます。志願者が一定以上まとまる場合は、団体申し込みが可能です。

2 受検申し込み期間

- 受付期間内（検定の約3か月前～1か月前まで）に協会に届くようにします。
- 申し込み後の受検希望級の変更や受検会場の変更、受検料の返金はできません。

3 検定実施《じっし》時期

原則として年3回実施《じっし》されます。

- 第1回　6月中の日曜日
- 第2回　10月中の日曜日
- 第3回　翌年の1月もしくは2月中の日曜日

※漢検CBTは、検定日に限らず実施《じっし》されています。

4 検定実施《じっし》会場

全国主要都市で行われています。実施《じっし》地区は検定の回ごとに決定されます。

5 検定時間

4級、5級は60分。

※検定時間が異なれば、二つ以上の級を受検することができます。

6 検定当日の注意事項

- 持参するもの…受検票、鉛筆（HB、B、2Bの鉛筆またはシャープペンシル）、消しゴム。ボールペン、万年筆は使用不可。
- 当日は、開始15分前には会場に入場する。

7 合否通知

検定日の約40日後に、合格者には合格証書と合格証明書、受検者全員に検定結果通知が郵送されます。

▼試験についての問い合わせ先

公益財団法人 日本漢字能力検定協会
〒605-0074
京都市東山区祇園町南側551番地
ホームページ
https://www.kanken.or.jp/
フリーダイヤル
0120-509-315（無料）

※実施《じっし》要項、申し込み方法などは変わる場合があります。
※出題分野・内容等は変わる場合があります。
※実際に出題された内容は『漢検 過去問題集』（公益財団法人 日本漢字能力検定協会発行）を参照ください。
※本書記載の内容は制作時点のものです。受検される際は、必ずご自身で公益財団法人 日本漢字能力検定協会の発表する最新情報をご確認ください。

出題傾向と学習のポイント

ジャンル	配点	出題内容と傾向	学習のポイント
読み	30点（1点×30問）	●４級新出配当漢字（３１３字）からの出題が中心 ●小学校で習う漢字で、その読みを中学で習うものについても出題される	●４級対象漢字のうち、特に４級新出配当漢字の読みを確認しよう ●中学校で習う読みや、熟字訓や当て字を読めることも大切
同音・同訓異字	30点（2点×15問）	●３つの短文中、同じ読みのカタカナに当てはまる漢字を、選択肢から選ぶ ●二字熟語のうちの漢字一字を問うものと、訓読みの漢字一字を問うものが多い	●二字熟語のうちの漢字一字を問うものが多いので、特に同音異義の漢字はチェックしておこう ●出題数は15問で30点と配点が高いので、取りこぼしのないように学習しておこう
漢字識別	10点（2点×5問）	●３つの二字（又は三字）熟語に共通する漢字一字を選択肢から選ぶ ●４級新出配当漢字（３１３字）からの出題が中心	●意味がわからない二字（又は三字）熟語があったら、必ず読みと意味を確認しておこう ●５問の出題に対して選択肢は10個あるので、迷わず選べるように、二字（又は三字）熟語に慣れておくことも大切
熟語の構成	20点（2点×10問）	●二字熟語の意味の理解度が問われる ●二字のうち一字は４級新出配当漢字（３１３字）であることが多い	●二字熟語の意味や、漢字一字の意味も覚えておこう ●熟語を、出題される５パターンに分類するくせをつけよう

出題内容などは変更される場合もあります。ホームページなどで必ず確認しましょう!

部首	10点 （1点×10問）	●4つの選択肢から部首を選ぶ問題 ●ほとんどが4級新出配当漢字（313字）からの出題	●漢字そのものは易しくても、部首がわかりにくい漢字はまとめて覚えておこう ●部首名は問われないが、部首名とセットで覚えると暗記しやすくなる
対義語・類義語	20点 （2点×10問）	●ひらがなの選択肢から、対応する語を選んで対義語・類義語の二字のうち一字を漢字に直す ●対義語5問、類義語5問が出題される	●練習問題を解きながら、熟語の意味も覚えておこう ●対義語・類義語は1つとは限らないので、漢字そのものの意味を確認しておくことも役立つ
漢字と送りがな	10点 （2点×5問）	●短文中のカタカナを漢字一字と送りがなに直す問題	●語幹の長い漢字（「快い」など）や複数の読みのある漢字は、送りがなを確認しておこう
四字熟語	20点 （2点×10問）	●短文中の四字熟語のうち、カタカナ部分一字を漢字に直す問題	●四字熟語を書くだけでなく、正しく読めるようにしておくことが大切 ●短文中に出題される形式なので、四字熟語の意味を理解しておくと早く正解を導き出すことができる
誤字訂正	10点 （2点×5問）	●短文中の二字熟語のうち、一字を訂正する問題が多い ●短文の長さは30～35字前後	●誤字訂正は、同音・同訓異字の漢字の誤りを見つけて正すということを覚えておこう ●何気なく短文を読んだだけでは誤りを見逃しやすいので、文中の漢字一字一字をチェックしよう
書き取り	40点 （2点×20問）	●4級新出配当漢字（313字）よりも、5級以下の漢字からの出題が多い ●一字か二字の熟語が問われることが多いが、たまに三字の熟語も問われる ●二字以上の熟語は、そのうちの一字でも間違っていれば正解にはならない ●熟字訓や当て字も出題される	●読みだけでなく、問題文の意味をつかむことも必要 ●配点が最も高い分野なので、しっかり準備しておこう

弱点発見 テスト

総合点　／200

※実際の試験形式と異なる場合があります。実力チェック用としてお使いください。

1 読み

各1点×30　／30

次の――線の漢字の読みをひらがなで記せ。

- □ 1 押し入れの奥に不用品をしまう。
- □ 2 新薬が医療の発展に寄与する。
- □ 3 れんがの壁にツタが繁茂する。
- □ 4 支払いを求めて裁判所に訴える。
- □ 5 協議を重ねて問題の解決を図る。
- □ 6 開店したばかりの店先に花を飾る。
- □ 7 木の葉が夜露にぬれている。
- □ 8 大型客船が港に停泊する。
- □ 9 帰郷して家業を継いだ。
- □ 10 大災害に備えて水と食料を蓄える。
- □ 11 農村が稲刈りの最盛期を迎える。
- □ 12 旧友と再会して思い出話が弾んだ。
- □ 13 注意点を箇条書きにする。
- □ 14 淡い初恋を描いた小説を読む。
- □ 15 高い塔の先端に雷が直撃した。
- □ 16 失敗を恐れずにチャレンジする。

□ 17 パソコンは現代人の必需品だ。 〔　〕

□ 18 即席で作ったつまみで酒を飲む。 〔　〕

□ 19 返事がどうも煮え切らない。 〔　〕

□ 20 社内の人間関係が希薄になる。 〔　〕

□ 21 主人公の行動を微細に描写する。 〔　〕

□ 22 スピーチの草稿ができあがる。 〔　〕

□ 23 取引中止で違約金を支払う。 〔　〕

□ 24 不動産投資をして資産を殖やす。 〔　〕

□ 25 濃霧で交通機関が乱れる。 〔　〕

□ 26 予定が合わず日程を繰り延べる。 〔　〕

□ 27 雑踏の中をすり抜けていく。 〔　〕

□ 28 畳に正座して黙想にふける。 〔　〕

□ 29 怖いもの知らずの若者だ。 〔　〕

□ 30 利用者の質問に即座に返答する。 〔　〕

2 同音・同訓異字

各2点×15　／30

次の——線のカタカナに当てはまる漢字をそれぞれのア～オから一つ選び、記号を記せ。

□ 1 データを最新のものにコウ新する。 〔　〕

□ 2 毎年コウ例の新年会をもよおす。 〔　〕

□ 3 大学で考古学を専コウする。 〔　〕

（ア 項　イ 抗　ウ 恒　エ 更　オ 攻）

□ 4 舌のコえた美食家として知られる。 〔　〕

□ 5 成功する見コみが全くない。 〔　〕

□ 6 暴風雨がようやく峠をコした。 〔　〕

（ア 込　イ 越　ウ 誇　エ 肥　オ 鼓）

□ 7 会社の理念が従業員にシン透する。〔　　〕

□ 8 政府が当面の指シンをまとめる。〔　　〕

□ 9 シン食を忘れて研究に熱中する。〔　　〕

（ア 慎　イ 浸　ウ 針　エ 振　オ 寝）

□ 10 傷病者を大学病院にハン送する。〔　　〕

□ 11 後輩に率先して模ハンを示す。〔　　〕

□ 12 営業力を高めハン路を広げる。〔　　〕

（ア 搬　イ 範　ウ 繁　エ 般　オ 販）

□ 13 台風のシュウ来に備える。〔　　〕

□ 14 シュウオとしてもてはやされる。〔　　〕

□ 15 物置に農具をシュウ納する。〔　　〕

（ア 襲　イ 執　ウ 収　エ 就　オ 秀）

3 漢字識別

三つの□に共通する漢字を□の中から選んで熟語を作り、記号で記せ。

各2点×5　／10

□ 1 □干・空□・□外〔　　〕

□ 2 □発力・□時・一□〔　　〕

□ 3 □賞・印□・□定〔　　〕

□ 4 □肪・油□・□質〔　　〕

□ 5 □角・相□・□助〔　　〕

ア 執	イ 互	ウ 鑑	エ 敏	オ 瞬
カ 脂	キ 摘	ク 騒	ケ 欄	コ 振

4 熟語の構成

熟語の構成には、次のようなものがある。

ア 同じような意味の字を重ねたもの （例 岩石）

イ 反対または対応の意味を表す字を重ねたもの （例 高低）

ウ 上の字が下の字を修飾しているもの （例 洋画）

エ 下の字が上の字の目的語・補語になっているもの （例 着席）

オ 上の字が下の字の意味を打ち消しているもの （例 非常）

次の熟語は上のア～オのどれに当たるか、一つ選んで記号を記せ。

各2点×10　／20

□ 1 激怒 [　　]

□ 2 舞踊 [　　]

□ 3 遠征 [　　]

□ 4 未完 [　　]

□ 5 耐火 [　　]

□ 6 反則 [　　]

□ 7 安眠 [　　]

□ 8 劣悪 [　　]

□ 9 汚濁 [　　]

□ 10 到達 [　　]

5 部首

次の漢字の部首をア～エから一つ選び、記号を記せ。

各1点×10　／10

□ 1 翼（ア 田　イ 八　ウ 二　エ 羽）[　]

□ 2 隷（ア 示　イ 隶　ウ 士　エ 氺）[　]

□ 3 裁（ア 土　イ 十　ウ 戈　エ 衣）[　]

□ 4 賦（ア 止　イ 弋　ウ 目　エ 貝）[　]

□ 5 井（ア ノ　イ 一　ウ 十　エ 二）[　]

□ 6 彩（ア 釆　イ 木　ウ 爫　エ 彡）[　]

□ 7 驚（ア 攵　イ 艹　ウ 勹　エ 馬）[　]

□ 8 敏（ア 攵　イ 又　ウ 田　エ 母）[　]

□ 9 帽（ア 曰　イ 口　ウ 巾　エ 目）[　]

□ 10 舌（ア 口　イ 舌　ウ ノ　エ 十）[　]

6 対義語・類義語

次の□の中の語を一度だけ使って漢字に直し、対義語・類義語を記せ。

各2点×10 ／20

対義語

□ 1 遠方―□隣

□ 2 逃走―□跡

□ 3 離脱―□加

□ 4 悪化―□転

□ 5 是認―□認

類義語

□ 6 本気―□剣

□ 7 釈明―□解

□ 8 永眠―□界

□ 9 失業―失□

□ 10 身長―□丈

きん・こう・さん・しょく・しん・せ・た・つい・ひ・べん

7 漢字と送りがな

次の――線のカタカナを漢字一字と送りがな（ひらがな）で記せ。

各2点×5 ／10

〈例〉問題にコタエル。［答える］

□ 1 海岸から初日の出をオガンだ。［　　］

□ 2 政府の高官が私腹をコヤシている。［　　］

□ 3 ウタガワシイ点を調査する。［　　］

□ 4 新しい歴史の一ページをキザンだ。［　　］

□ 5 予定よりも早めに用事をスマス。［　　］

8 四字熟語

次の——線のカタカナを漢字で記せ。

各2点×10　／20

□ 1 話がシン小棒大に世間に広まった。

□ 2 重病人を応急ショ置する。

□ 3 兄のハク学多オぶりに感服する。

□ 4 起死カイ生の妙策を講じる。

□ 5 描き上げた油絵を自ガ自賛する。

□ 6 校則がユウ名無実と化す。

□ 7 行ウン流水のごとく生活する。

□ 8 オン故知新の心で古都を旅する。

□ 9 災難に見舞われアオ息吐息だ。

□ 10 平身テイ頭して失礼をわびた。

9 誤字訂正

次の各文に間違って使われている同じ読みの漢字が一字ある。上に誤字を、下に正しい漢字を記せ。

各2点×5　／10

□ 1 駅前の大基模な再開発により周辺の人口が増えて商店街に活気がもどる。　↓

□ 2 猛烈な熱波の到来で観則史上最少の降水量を記録して山火事が多発した。　↓

□ 3 本人覚認のために身分証明書の提示を求められ健康保険証を差し出した。　↓

□ 4 冷夏の影響により首都圏の野彩の取引価格が軒並み値上がりしている。　↓

□ 5 会社による投資や人材派遣が開発途上国の経財発展に寄与している。　↓

10 書き取り

次の――線のカタカナを漢字に直せ。

1 転校する友人に花束をオクる。

2 胸がすくようなツウカイな話だ。

3 選手のヒタイに汗が光っている。

4 会社紹介のパンフレットをスる。

5 自転車のかぎを無くしてコマった。

6 腕のキンニクをきたえる。

7 山頂から雄大なケシキをながめる。

8 長いものにはマかれろ。

9 田舎の母から便りがトドく。

10 集めた落ち葉を裏庭でモやす。

11 ガラスが割れてハヘンが飛び散る。

12 あれもこれもとヨクバって食べる。

13 客からのシンライに応える。

14 ナサけは人のためならず。

15 通勤時間にタンペン小説を読む。

16 タイドが悪い生徒を注意する。

17 アジア諸国とドウメイを結ぶ。

18 悲運の主人公にナミダを流す。

19 歴史的な価値が高いケンチク物だ。

20 土砂くずれで道がスンダンされた。

各2点×20

／40

弱点発見テスト

標準解答

1 読み

1	おく
2	いりょう
3	はんも
4	うった
5	はか
6	かざ
7	よつゆ
8	ていはく
9	つ
10	たくわ
11	いねか
12	はず
13	かじょう
14	あわ
15	とう
16	おそ
17	ひつじゅ
18	そくせき
19	に
20	きはく
21	びさい
22	そうこう
23	いやく
24	ふ
25	のうむ
26	く
27	ざっとう
28	もくそう
29	こわ
30	そくざ

各1点×30

2 同音・同訓異字

1	エ
2	ウ
3	オ
4	エ
5	ア
6	イ
7	イ
8	ウ
9	オ
10	ア
11	イ
12	オ
13	ア
14	オ
15	ウ

各2点×15

3 漢字識別

1	ケ
2	オ
3	ウ
4	カ
5	イ

各2点×5

4 熟語の構成

1	ウ
2	ア
3	ウ
4	オ
5	エ
6	エ
7	ウ
8	ア
9	ア
10	ア

各2点×10

5 部首

各1点×10

1	2	3	4	5	6	7	8	9	10
エ	イ	エ	エ	エ	エ	エ	ア	ウ	イ

6 対義語・類義語

各2点×10

1	2	3	4	5	6	7	8	9	10
近	追	参	好	否	真	弁	他	職	背

7 漢字と送りがな

各2点×5

1	2	3	4	5
拝ん	肥やし	疑わしい	刻ん	済ます

8 四字熟語

各2点×10

1	2	3	4	5	6	7	8	9	10
針	処	博	回	画	有	雲	温	青	低

9 誤字訂正

各2点×5

1	2	3	4	5
基→規	則→測	覚→確	彩→菜	財→済

10 書き取り

各2点×20

1	2	3	4	5	6	7	8	9	10
贈	痛快	額	刷	困	筋肉	景色	巻	届	燃

11	12	13	14	15	16	17	18	19	20
破片	欲張	信頼	情	短編	態度	同盟	涙	建築	寸断

弱点発見シート

弱点発見テストの各分野の得点を、左の表に書き込んで、弱点を分析しましょう。Aはあなたが苦手な分野で、学習優先度が最も高いことを表します。効率のよい合格を目指すなら、Aの分野から集中的に学習するのもよいでしょう。

	得点	基準点	基準点との差	学習優先度
1 読み	／30	21		□A □B □C
2 同音・同訓異字	／30	21		□A □B □C
3 漢字識別	／10	7		□A □B □C
4 熟語の構成	／20	14		□A □B □C
5 部首	／10	7		□A □B □C
6 対義語・類義語	／20	14		□A □B □C
7 漢字と送りがな	／10	7		□A □B □C
8 四字熟語	／20	14		□A □B □C
9 誤字訂正	／10	7		□A □B □C
10 書き取り	／40	28		□A □B □C

自分の得点から基準点を引いた数値が、基準点との差です。例えば、1 読みの得点が18点なら、基準点21との差が−3となります。

基準点との差が
- **−4以下の場合 → 優先度 A**
- **−3 ～＋3の場合 → 優先度 B**
- **＋4以上の場合 → 優先度 C**

学習優先度がわかったら、各分野の見出し下のABCにチェックを入れておきましょう。

自分の学習優先度を書いておこう！

あなたの学習の優先度は？
□A □B □C

1 時間目

難易度 I

1時間目は、合格のためには必ず押さえておきたい基本問題です。
全部解けるようにしましょう。

読み①

目標時間 3分

●次の――線の漢字の読みをひらがなで記せ。

□ 1 コオロギの鳴き声に耳を**澄**ます。

□ 2 営業所の社員が**出払**っている。

□ 3 プロに**匹敵**する料理の腕前だ。

□ 4 イライラする感情を**制御**する。

□ 5 **互**いに一歩もゆずらず引き分ける。

□ 6 **雄大**な自然に圧倒された。

□ 7 地震で多数の家屋が**倒壊**する。

□ 8 法に**抵触**する振る舞いだ。

□ 9 店内をくまなく**監視**する。

□ 10 絵の具を水に**溶**かして薄める。

□ 11 **耐寒**性の高い観葉植物を植える。

□ 12 慣れない土地で販路を**開拓**する。

□ 13 古い慣習からの**脱却**を図る。

□ 14 **隣**近所の人とあいさつを交わす。

□ 15 一日も休まず**皆勤**賞をもらう。

□ 16 医者が転地療養を**勧**める。

□ 17 神社の参道が**縁日**でにぎわう。

□ 18 新学期にクラスの**連絡網**を作る。

あなたの学習の優先度は？
□A □B □C
使い方は20ページ

□ 19 夏祭りの会場に**露店**が立ち並ぶ。〔　　〕

□ 20 **珍妙**な服装が人目に余る。〔　　〕

□ 21 **薄情**な仕打ちに怒りを覚える。〔　　〕

□ 22 マフィアが社会の裏で**暗躍**する。〔　　〕

□ 23 チョウの**羽化**を観察する。〔　　〕

□ 24 雪を被った**尾根**が美しい。〔　　〕

□ 25 実話に基づいて小説を**執筆**する。〔　　〕

□ 26 今も戦争の**傷跡**が各地に残る。〔　　〕

□ 27 **威厳**に満ちた態度で統率する。〔　　〕

□ 28 **気迫**に満ちた反論に圧倒される。〔　　〕

□ 29 今朝は**曇天**で気温も低い。〔　　〕

□ 30 **悲惨**な事故を二度と繰り返さない。〔　　〕

□ 31 二人の**歩幅**を合わせて歩く。〔　　〕

□ 32 ラジオから流れる**歌謡**曲を聞く。〔　　〕

標準解答

1 す
2 ではら
3 ひってき
4 せいぎょ
5 たが
6 ゆうだい
7 とうかい
8 ていしょく
9 かんし
10 と
11 たいかん
12 かいたく
13 だっきゃく
14 となり
15 かいきん
16 すす
17 えんにち
18 れんらくもう
19 ろてん
20 ちんみょう
21 はくじょう
22 あんやく
23 うか
24 おね
25 しっぴつ
26 きずあと
27 いげん
28 きはく
29 どんてん
30 ひさん
31 ほはば
32 かよう

8 抵触《ていしょく》→ある行為が法律などに触れること。

12 開拓《かいたく》→新しい分野や方法などを切り開くこと。

20 珍妙《ちんみょう》→変わっていて、おかしいこと。

22 暗躍《あんやく》→人に知られずに行動すること。

28 気迫《きはく》→物事に立ち向かっていく強い精神力。

29 曇天《どんてん》→くもりの天気。

点線で折り、解答を隠しても使えます!

読み②

目標時間
3分

あなたの学習の優先度は?
□A □B □C
使い方は20ページ

●次の——線の漢字の読みをひらがなで記せ。

□ 1 短慮な考えだったと反省する。

□ 2 新緑の季節に茶葉を摘む。

□ 3 同姓の友人と間違われる。

□ 4 原稿用紙に自分の主張をまとめる。

□ 5 川の水かさが増して堤が切れた。

□ 6 事業が成功し優雅な生活を送る。

□ 7 暇を見つけては本を読んでいる。

□ 8 先駆者としての地位を確立する。

□ 9 教科書の重要な箇所に傍線を引く。

□ 10 どんな難しい質問にも即答する。

□ 11 けが人を手厚く介抱する。

□ 12 高所から見ると人が豆粒のようだ。

□ 13 二時間おきに運転を交替する。

□ 14 コンクリートの耐久性を調べる。

□ 15 部屋からのながめが自慢の宿だ。

□ 16 土砂が流れ込んで川の水が濁る。

□ 17 朝礼で社員の士気を鼓舞する。

□ 18 卒業生の前途を祝して乾杯する。

19 戦火から逃れた難民が**越境**する。〔　　〕

20 工場の**煙突**から煙が出ている。〔　　〕

21 春分を過ぎ**幾分**暖かくなってきた。〔　　〕

22 相手の意向に**添**うように配慮する。〔　　〕

23 予想外の展開に全員が**戸惑**った。〔　　〕

24 やる気が起きず**漫然**と机に向かう。〔　　〕

25 公害の原因として工場を**提訴**する。〔　　〕

26 景気が低迷し**需要**が落ち込む。〔　　〕

27 与えられた役目に最善を**尽**くす。〔　　〕

28 老いても社会で**活躍**し続ける。〔　　〕

29 **豪勢**な料理を客人に振る舞う。〔　　〕

30 先輩の技術力に**驚嘆**させられる。〔　　〕

31 裁判所が訴えを**却下**する。〔　　〕

32 手作りの**髪飾**りを付ける。〔　　〕

標準解答

1 たんりょ
2 つ
3 どうせい
4 げんこう
5 つつみ
6 ゆうが
7 ひま
8 せんく
9 ぼうせん
10 そくとう
11 かいほう
12 まめつぶ
13 こうたい
14 たいきゅう
15 じまん
16 にご
17 こぶ
18 ぜんと
19 えっきょう
20 えんとつ
21 いくぶん
22 そ
23 とまど
24 まんぜん
25 ていそ
26 じゅよう
27 つ
28 かつやく
29 ごうせい
30 きょうたん
31 きゃっか
32 かみかざ

1 **短慮**《たんりょ》→考えが浅はかなこと。
8 **先**《せん》**駆**《く》→他人より先んじて物事をすること。
17 **鼓**《こ》**舞**《ぶ》→元気が出るように力づけること。
18 **前**《ぜん》**途**《と》→これから先。
19 **越境**《えっきょう》→国境などを越えること。
29 **豪勢**《ごうせい》→ぜいたくで、立派な様子。
30 **驚嘆**《きょうたん》→素晴らしさなどに驚き感心すること。

点線で折り、解答を隠しても使えます!

1時間目

難易度Ⅰ

読み③

目標時間
3分

●次の――線の漢字の読みをひらがなで記せ。

□ 1 全国の**河川**の水質を調査する。

□ 2 上層部が提案を**黙殺**する。

□ 3 師の言葉が弟子に勇気を**与**えた。

□ 4 **極端**な例を持ち出して反論する。

□ 5 病気が**峠**を越えて小康状態を保つ。

□ 6 両親と**離**れて都会で暮らす。

□ 7 憲法学の**権威**として国政に関わる。

□ 8 裁判所に**証拠**の品を提出する。

□ 9 住民が公約違反を**痛烈**に批判する。

□ 10 大雪で郵便物の**遅配**が生じる。

□ 11 駅前の大通り沿いに**店舗**を構える。

□ 12 公園の池に**薄**い氷が張っている。

□ 13 最新技術を**駆使**した新商品だ。

□ 14 あまりの寒さで足が**震**える。

□ 15 **含蓄**のあるお言葉をいただいた。

□ 16 絶対に弱音を**吐**かないと決める。

□ 17 歯を食いしばって苦難に**耐**える。

□ 18 **弱腰**の外交に批判が集まる。

あなたの学習の優先度は?
□A □B □C
使い方は20ページ

□ 19 色鉛筆で濃淡を表現する。

□ 20 古代の王の墓が盗掘される。

□ 21 事故をすんでのところで回避した。

□ 22 中東地域の情勢が切迫する。

□ 23 生鮮な野菜を市場で仕入れる。

□ 24 完膚なきまでに打ちのめされる。

□ 25 会場は芋を洗うような混み具合だ。

□ 26 仲間内では通称で呼び合う。

□ 27 態度から相手の気持ちを推し量る。

□ 28 自らの発言について釈明する。

□ 29 仮眠をとって頭がさえた。

□ 30 トラックに荷物を満載する。

□ 31 郷土の民俗舞踊を写真に収める。

□ 32 傾斜の急な坂道を自転車で上る。

標準解答

1 かせん
2 もくさつ
3 あた
4 きょくたん
5 とうげ
6 はな
7 けんい
8 しょうこ
9 つうれつ
10 ちはい
11 てんぽ
12 うす
13 くし
14 ふる
15 がんちく
16 は
17 た
18 よわごし
19 のうたん
20 とうくつ
21 かいひ
22 せっぱく
23 せいせん
24 かんぷ
25 いも
26 つうしょう
27 お
28 しゃくめい
29 かみん
30 まんさい
31 みんぞく
32 けいしゃ

2 黙殺《もくさつ》→無視して、相手にしないこと。
5 峠《とうげ》→山道を登って、下りにかかる境目。
7 権威《けんい》→ある分野で、極めて優れていると認められている人。
9 痛烈《つうれつ》→非常に激しい様子。
15 含蓄《がんちく》→言葉の裏に深い意味が含まれていること。
22 切迫《せっぱく》→きん張した状態になること。
31 民俗《みんぞく》→古くから民間に伝わる風習や習慣。

点線で折り、解答を隠しても使えます！

1時間目

難易度Ⅰ

同音・同訓異字①

目標時間 3分

あなたの学習の優先度は?

□A □B □C

使い方は20ページ

●次の――線のカタカナに当てはまる漢字をそれぞれのア～オから一つ選び、記号を記せ。

□ 1 第三者がカイ入して事態を収める。

□ 2 成功する可能性はカイ無に等しい。

□ 3 大雨により堤防が決カイする。

（ア壊　イ戒　ウ皆　エ解　オ介）

□ 4 散歩を日課にして健康をイ持する。

□ 5 事故の原因はイ然として不明だ。

□ 6 ビルの建設には多くの資金がイる。

（ア依　イ為　ウ緯　エ要　オ維）

□ 7 貨物をコンテナに積サイする。

□ 8 色サイが鮮やかで美しい絵だ。

□ 9 結婚して三十年のサイ月が流れる。

（ア載　イ裁　ウ歳　エ彩　オ済）

□ 10 家の近くの鉄トウに落雷する。

□ 11 つらい現実からトウ避する。

□ 12 内容を細かく検トウして判断する。

（ア踏　イ塔　ウ討　エ到　オ逃）

□ 13 海の見える部屋に宿ハクする。
□ 14 こぢんまりしてハク力に欠ける。
□ 15 政策が経済成長にハク車をかける。

（ア泊　イ迫　ウ拍　エ博　オ薄）

□ 16 会議にボウ殺される毎日だ。
□ 17 若者のらんちき騒ぎをボウ観する。
□ 18 うたげがボウ頭から盛り上がる。

（ア帽　イ傍　ウ忙　エ冒　オ坊）

□ 19 政党間のコウ争が絶えない。
□ 20 神社に対する信コウ心が厚い。
□ 21 地場産業の振コウを図る。

（ア更　イ攻　ウ抗　エ興　オ仰）

□ 22 声が小さくて語ビが聞き取れない。
□ 23 ビ妙な色合いを帯びた茶わんだ。
□ 24 自動車を定期的に整ビする。

（ア鼻　イ美　ウ微　エ尾　オ備）

標準解答

1 オ（介）
2 ウ（皆）
3 ア（壊）
4 オ（維）
5 ア（依）
6 エ（要）

7 ア（載）
8 エ（彩）
9 ウ（歳）
10 イ（塔）
11 オ（逃）
12 ウ（討）

13 ア（泊）
14 イ（迫）
15 ウ（拍）
16 ウ（忙）
17 イ（傍）
18 エ（冒）

19 ウ（抗）
20 オ（仰）
21 エ（興）
22 エ（尾）
23 ウ（微）
24 オ（備）

1 **介入**《かいにゅう》→割り込んで関わること。
15 **拍車**《はくしゃ》**をかける**→物事に働きかけて、その進行を一層早める。
16 **忙殺**《ぼうさつ》→とても忙しいこと。
17 **傍観**《ぼうかん》→なにもしないで見ていること。
21 **振興**《しんこう》→働きかけて産業などを盛んにすること。

点線で折り、解答を隠しても使えます！

1時間目

難易度Ⅰ

同音・同訓異字②

目標時間 3分

●次の――線のカタカナに当てはまる漢字をそれぞれのア〜オから一つ選び、記号を記せ。

1 子供たちが校庭をカけ回る。

2 製カ工場でクッキーを作っている。

3 資料の要点をカ条書きにする。

（ア刈　イ菓　ウ替　エ駆　オ箇）

4 辞書をクって言葉の意味を調べる。

5 日がクれる前に急いで帰宅する。

6 月曜日を避けて出張の日程をクむ。

（ア組　イ繰　ウ来　エ朽　オ暮）

7 ハン雑な手続きを簡素化する。

8 対応のまずさを批ハンされる。

9 諸ハンの事情を考慮する。

（ア販　イ範　ウ判　エ繁　オ般）

10 トウ底納得できない結論だ。

11 健トウむなしく初戦で敗退する。

12 投手力で相手チームを圧トウした。

（ア到　イ踏　ウ倒　エ闘　オ盗）

あなたの学習の優先度は？

□A □B □C

使い方は20ページ

13 新商品が若者の人気を独センする。

14 冷蔵庫に入れてセン度を保つ。

15 真夏にセン風機をつけてすずむ。

（ア宣　イ占　ウ鮮　エ専　オ扇）

16 暗い世相を風シした漫画を読む。

17 基金の趣シに賛同して寄付する。

18 シ雄を決する大勝負に臨む。

（ア刺　イ脂　ウ旨　エ紫　オ雌）

19 テイ防が決壊し川の水があふれた。

20 植民地が本国の支配にテイ抗する。

21 親子で師テイのちぎりを交わす。

（ア抵　イ弟　ウ提　エ堤　オ底）

22 秀レイな富士山の姿を仰ぎ見る。

23 敗戦後、大国にレイ属する。

24 衣食足りてレイ節を知る。

（ア麗　イ齢　ウ隷　エ令　オ礼）

標準解答

1 エ（駆）
2 イ（菓）
3 オ（箇）
4 イ（繰）
5 オ（暮）
6 ア（組）

7 エ（繁）
8 ウ（判）
9 オ（般）
10 ア（到）
11 エ（闘）
12 ウ（倒）

13 イ（占）
14 ウ（鮮）
15 オ（扇）
16 ア（刺）
17 ウ（旨）
18 オ（雌）

19 エ（堤）
20 ア（抵）
21 イ（弟）
22 ア（麗）
23 ウ（隷）
24 オ（礼）

4 **繰《く》る**→紙などを順にめくる。
7 **繁雑《はんざつ》**→物事が多くて、ちつ序がなく入り混じっていること。
9 **諸般《しょはん》**→色々な事柄。
16 **風刺《ふうし》**→社会や人を遠回しに批判すること。
21 **師弟《してい》**→師しょうと弟子。
22 **秀麗《しゅうれい》**→際立って美しいこと。
23 **隷属《れいぞく》**→他の支配下になり、言いなりになること。

点線で折り、解答を隠しても使えます！

1時間目

難易度Ⅰ

漢字識別

●三つの□に共通する漢字を□の中から選んで熟語を作り、記号で記せ。

□ 1　□号・愛□・□賛　【　】

□ 2　□店・□出・□骨　【　】

□ 3　厳□・□金・□則　【　】

□ 4　着□・背□・□夫　【　】

□ 5　□撃・奇□・世□　【　】

ア 震　イ 床　ウ 網　エ 露　オ 嘆
カ 称　キ 丈　ク 罰　ケ 襲　コ 憶

□ 6　□続・中□・後□者　【　】

□ 7　□抜・□数・□跡　【　】

□ 8　汚□・□点・清□　【　】

□ 9　□観・□系・□線　【　】

□ 10　加□・医□・□養　【　】

ア 舞　イ 傍　ウ 拠　エ 攻　オ 奇
カ 濁　キ 療　ク 継　ケ 俗　コ 謡

あなたの学習の優先度は？
□A □B □C
使い方は20ページ

11 □遊・□力・□沈 〔　〕

12 防□・□葉土・□心 〔　〕

13 非□・平□・□人 〔　〕

14 □力・□自慢・□章 〔　〕

ア 腐　イ 即　ウ 闘　エ 片　オ 浮
カ 腕　キ 霧　ク 凡

15 □才・散□・□談 〔　〕

16 □収・□候・象□ 〔　〕

17 冷□・売□・脱□ 〔　〕

18 □指・退□・不□ 〔　〕

ア 漫　イ 吹　ウ 屈　エ 徴　オ 盗
カ 荷　キ 却　ク 迫

標準解答

1 カ（称号《しょうごう》・愛称《あいしょう》・称賛《しょうさん》）

2 エ（露店《ろてん》・露出《ろしゅつ》・露骨《ろこつ》）

3 ク（厳罰《げんばつ》・罰金《ばっきん》・罰則《ばっそく》）

4 キ（着丈《きたけ》・背丈《せたけ》・丈夫《じょうぶ》）

5 ケ（襲撃《しゅうげき》・奇襲《きしゅう》・世襲《せしゅう》）

6 ク（継続《けいぞく》・中継《ちゅうけい》・後継者《こうけいしゃ》）

7 オ（奇抜《きばつ》・奇数《きすう》・奇跡《きせき》）

8 カ（汚濁《おだく》・濁点《だくてん》・清濁《せいだく》）

9 イ（傍観《ぼうかん》・傍系《ぼうけい》・傍線《ぼうせん》）

10 キ（加療《かりょう》・医療《いりょう》・療養《りょうよう》）

11 オ（浮遊《ふゆう》・浮力《ふりょく》・浮沈《ふちん》）

12 ア（防腐《ぼうふ》・腐葉土《ふようど》・腐心《ふしん》）

13 ク（非凡《ひぼん》・平凡《へいぼん》・凡人《ぼんじん》）

14 カ（腕力《わんりょく》・腕自慢《うでじまん》・腕章《わんしょう》）

15 ア（漫才《まんざい》・散漫《さんまん》・漫談《まんだん》）

16 エ（徴収《ちょうしゅう》・徴候《ちょうこう》・象徴《しょうちょう》）

17 キ（冷却《れいきゃく》・売却《ばいきゃく》・脱却《だっきゃく》）

18 ウ（屈指《くっし》・退屈《たいくつ》・不屈《ふくつ》）

点線で折り、解答を隠しても使えます！

1時間目

難易度Ⅰ

熟語の構成

目標時間
3分

あなたの学習の優先度は?
□A □B □C
使い方は20ページ

●熟語の構成には、次のようなものがある。

ア 同じような意味の字を重ねたもの（例 岩石）
イ 反対または対応の意味を表す字を重ねたもの（例 高低）
ウ 上の字が下の字を修飾しているもの（例 洋画）
エ 下の字が上の字の目的語・補語になっているもの（例 着席）
オ 上の字が下の字の意味を打ち消しているもの（例 非常）

●次の熟語は右のア～オのどれに当たるか、一つ選んで記号を記せ。

□ 1 騒音［　　］
□ 2 出陣［　　］
□ 3 微増［　　］
□ 4 猛攻［　　］
□ 5 因果［　　］
□ 6 汚点［　　］
□ 7 波紋［　　］
□ 8 未詳［　　］
□ 9 健脚［　　］
□ 10 巨大［　　］
□ 11 樹齢［　　］
□ 12 雅俗［　　］

□ 13 不振［　　］

□ 14 不問［　　］

□ 15 皮膚［　　］

□ 16 旧姓［　　］

□ 17 妙案［　　］

□ 18 不沈［　　］

□ 19 執筆［　　］

□ 20 帰途［　　］

□ 21 浮力［　　］

□ 22 越冬［　　］

□ 23 就寝［　　］

□ 24 思慮［　　］

□ 25 救援［　　］

□ 26 禁煙［　　］

□ 27 自他［　　］

□ 28 離職［　　］

標準解答

1 ウ「騒がしい↓音」の意
2 エ「出る↑陣地を」の意
3 ウ「わずかな（微）↓増加」の意
4 ウ「猛烈な↓攻撃」の意
5 イ「原因」↕「結果」
6 ウ「汚れた↓点」の意
7 ウ「波の↓紋様」の意
8 オ まだ詳しくわからないこと
9 ウ「健康な↓脚」の意
10 ア 巨も大も「おおきい」の意
11 ウ「樹木の↓年齢」の意
12 イ「おくゆかしい（雅）」↕「いやしい（俗）」
13 オ 勢いなどが振るわないこと
14 オ 問題にしないこと
15 ア 皮も膚も「はだ」の意
16 ウ「古い（旧）↓姓」の意
17 ウ「優れた（妙）↓考え（案）」の意
18 オ 沈まないこと
19 エ「手にとる（執）↑筆を」の意
20 ウ「帰宅の↓途中」の意
21 ウ「浮く↓力」の意
22 エ「越す↑冬を」の意
23 エ「就く↑寝床に」の意
24 ア 思も慮も「おもう」の意
25 ア 救も援も「たすける」の意
26 エ「禁ずる↑きつ煙を」の意
27 イ「自分」↕「他人」
28 エ「離れる↑職を」の意

点線で折り、解答を隠しても使えます！

1時間目

難易度Ⅰ

部首

目標時間 2分

あなたの学習の優先度は?
□A □B □C
使い方は20ページ

●次の漢字の部首をア～エから一つ選び、記号を記せ。

□ 1 煙（ア火　イ一　ウ土　エ覀）〔　　〕

□ 2 歳（ア戈　イ厂　ウ⺌　エ止）〔　　〕

□ 3 盾（ア十　イ目　ウノ　エ厂）〔　　〕

□ 4 微（ア彳　イ攵　ウ山　エ儿）〔　　〕

□ 5 秀（アノ　イ十　ウ木　エ禾）〔　　〕

□ 6 雌（ア隹　イ止　ウ匕　エ比）〔　　〕

□ 7 老（ア耂　イノ　ウ土　エ匕）〔　　〕

□ 8 却（ア卩　イ十　ウ厶　エ土）〔　　〕

□ 9 麗（ア广　イ鹿　ウ匕　エ比）〔　　〕

□ 10 暴（ア八　イ日　ウ氺　エ二）〔　　〕

□ 11 厚（ア子　イ口　ウ日　エ厂）〔　　〕

□ 12 範（ア⺮　イ㔾　ウ日　エ車）〔　　〕

□ 13 敷 （ア攵　イ十　ウ方　エ田）［　］

□ 14 烈 （ア刂　イ夕　ウ歹　エ灬）［　］

□ 15 環 （ア口　イ衣　ウ罒　エ王）［　］

□ 16 罰 （ア言　イ口　ウ罒　エ刂）［　］

□ 17 惑 （ア戈　イ口　ウ弋　エ心）［　］

□ 18 玄 （ア幺　イ亠　ウ玄　エ厶）［　］

□ 19 劣 （ア力　イ⺌　ウノ　エ八）［　］

□ 20 震 （ア二　イ⻗　ウ厂　エ辰）［　］

□ 21 雄 （アノ　イ隹　ウ厶　エ一）［　］

□ 22 御 （ア卩　イ彳　ウ止　エ缶）［　］

標準解答

1 ア 火（ひへん）
2 エ 止（とめる）
3 イ 目（め）
4 ア 彳（ぎょうにんべん）
5 エ 禾（のぎ）
6 ア 隹（ふるとり）
7 ア 耂（おいかんむり）
8 ア 卩（わりふ）
9 イ 鹿（しか）
10 イ 日（ひ）
11 エ 厂（がんだれ）
12 ア ⺮（たけかんむり）
13 ア 攵（のぶん）
14 エ 灬（れんが）
15 エ 王（おうへん）
16 ウ 罒（あみがしら）
17 エ 心（こころ）
18 ウ 玄（げん）
19 ア 力（ちから）
20 イ ⻗（あめかんむり）
21 イ 隹（ふるとり）
22 イ 彳（ぎょうにんべん）

点線で折り、解答を隠しても使えます!

1時間目

難易度Ⅰ

対義語・類義語

目標時間 5分

あなたの学習の優先度は?
□A □B □C
使い方は20ページ

●次の□の中の語を一度だけ使って漢字に直し、対義語・類義語を記せ。

対義語

□ 1 祖先―子□

□ 2 在宅―□守

□ 3 航行―□泊

□ 4 正統―□端

類義語

□ 5 入手―獲□

□ 6 注意―□戒

□ 7 専有―□占

□ 8 看護―□抱

い・かい・けい・そん・てい・とく・どく・る

対義語

□ 9 起床―□寝

□ 10 年頭―歳□

□ 11 大要―詳□

□ 12 劣悪―優□

類義語

□ 13 健康―丈□

□ 14 推量―憶□

□ 15 名誉―栄□

□ 16 対等―互□

かく・こう・さい・しゅう・そく・ぶ・まつ・りょう

□ 17 凶作－□作
□ 18 回避－直□
□ 19 早熟－□成
□ 20 例外－原□

□ 21 屈指－抜□
□ 22 加勢－□援
□ 23 普通－尋□
□ 24 許可－承□

おう・ぐん・じょう・そく・にん・ばん・ほう・めん

□ 25 存続－断□
□ 26 陰性－□性
□ 27 追跡－逃□
□ 28 加熱－□却

□ 29 可否－是□
□ 30 全快－□治
□ 31 及第－合□
□ 32 周到－□密

かく・かん・ぜつ・ひ・ぼう・めん・よう・れい

標準解答

1 子孫《しそん》
2 留守《るす》
3 停泊《ていはく》
4 異端《いたん》
5 獲得《かくとく》
6 警戒《けいかい》
7 独占《どくせん》
8 介抱《かいほう》

9 就寝《しゅうしん》
10 歳末《さいまつ》
11 詳細《しょうさい》
12 優良《ゆうりょう》
13 丈夫《じょうぶ》
14 憶測《おくそく》
15 栄光《えいこう》
16 互角《ごかく》

17 豊作《ほうさく》
18 直面《ちょくめん》
19 晩成《ばんせい》
20 原則《げんそく》
21 抜群《ばつぐん》
22 応援《おうえん》
23 尋常《じんじょう》
24 承認《しょうにん》

25 断絶《だんぜつ》
26 陽性《ようせい》
27 逃亡《とうぼう》
28 冷却《れいきゃく》
29 是非《ぜひ》
30 完治《かんち》
31 合格《ごうかく》
32 綿密《めんみつ》

点線で折り、解答を隠しても使えます!

1時間目

難易度Ⅰ

漢字と送りがな

目標時間 4分

あなたの学習の優先度は?
□A □B □C
使い方は20ページ

●次の——線のカタカナを漢字一字と送りがな（ひらがな）で記せ。

□ 1 胸をソラシて新鮮な空気を吸う。［　　］

□ 2 朱にマジワレば赤くなる。［　　］

□ 3 転倒したがサイワイ無事だった。［　　］

□ 4 皮膚がはれて赤みをオビル。［　　］

□ 5 図書館で動物図鑑をカリル。［　　］

□ 6 夜道を車がライトをテラシて走る。［　　］

□ 7 コンサート会場に熱気がミチル。［　　］

□ 8 角砂糖にアリがムラガッている。［　　］

□ 9 タダチニ事件現場に急行した。［　　］

□ 10 先が見えない不況に不安をイダク。［　　］

□ 11 使い古したハンドバッグをステル。［　　］

□ 12 おもちゃを部屋中にチラカス。［　　］

□ 13 地震にソナエて水を保管する。［　　］

□ 14 通勤圏内にマイホームをカマエル。［　　］

□ 15 チームをヒキイて優勝に導いた。［　　］

□ 16 ヒサシク音信不通だった友と会う。［　　］

□ 17 しん判の判定に異議をトナエル。［　　］

□ 18 ウグイスが春の訪れをツゲル。［　　］

19 法によって厳しくサバカれた。

20 図を見せて口頭で説明をオギナウ。

21 時差出勤して人混みをサケル。

22 キタナイ字で書きなぐる。

23 力を抜いてカロヤカニ踊る。

24 ナヤマシイ問題が続出する。

25 母の誕生日をイワッて花を贈る。

26 窓ガラスにボールが当たりワレタ。

27 ライオンがおりの中でアバレル。

28 妻と二人の子供をヤシナウ。

29 従業員の不手際を客にアヤマッた。

30 雪が降ってアタリ一面が真っ白だ。

31 日中、保育園に子供をアズケル。

32 うそをついてウシロメタイ。

標準解答

1 反らし
2 交われ
3 幸い
4 帯びる
5 借りる
6 照らし
7 満ちる
8 群がっ
9 直ちに
10 抱く
11 捨てる
12 散らかす
13 備え
14 構える
15 率い
16 久しく
17 唱える
18 告げる
19 裁か
20 補う
21 避ける
22 汚い
23 軽やかに
24 悩ましい
25 祝っ
26 割れた
27 暴れる
28 養う
29 謝っ
30 辺り
31 預ける
32 後ろめたい

点線で折り、解答を隠しても使えます!

四字熟語

目標時間
4分

あなたの学習の
優先度は?
□A □B □C
使い方は20ページ

●次の――線のカタカナを漢字で記せ。

□ 1 前途有ボウな新人を抜てきする。〔　　〕
□ 2 志望校に合格して狂キ乱舞する。〔　　〕
□ 3 警察が犯罪組織を一網ダ尽にする。〔　　〕
□ 4 市場の門コ開放を求められる。〔　　〕
□ 5 言語道ダンの所業を非難する。〔　　〕
□ 6 師の忠告を馬耳トウ風と聞き流す。〔　　〕
□ 7 主張が自己ム盾におちいる。〔　　〕
□ 8 手紙に美辞麗クを並べたてる。〔　　〕
□ 9 商談の場で即ダン即決する。〔　　〕
□ 10 二束三モンで家宝を売り払う。〔　　〕
□ 11 優勝レッ敗が繰り返される。〔　　〕
□ 12 理ロ整然と商品を説明する。〔　　〕
□ 13 記者が単トウ直入に尋ねる。〔　　〕
□ 14 国が乱れて百鬼ヤ行の状態となる。〔　　〕
□ 15 思い出の品を後ショウ大事に残す。〔　　〕
□ 16 主力選手が縦オウ無尽に活躍した。〔　　〕
□ 17 難コウ不落の要さいを築く。〔　　〕
□ 18 デモ隊がイ風堂々と行進する。〔　　〕

□ 19 前人ミ到の優勝回数を達成した。［　　］

□ 20 再起を期して時セツ到来を待つ。［　　］

□ 21 フ言実行を行動の指針とする。［　　］

□ 22 悪ギャク無道な振る舞いを戒める。［　　］

□ 23 変事に臨機オウ変に対処する。［　　］

□ 24 授業内容に創意エフウをこらす。［　　］

□ 25 うめ立て地で地盤チン下が起こる。［　　］

□ 26 ミョウ計奇策を次々に繰り出す。［　　］

□ 27 無念無ソウの境地に至る。［　　］

□ 28 満場一チで提案が承認された。［　　］

□ 29 独立自ソンの精神で活動する。［　　］

□ 30 一ボウ千里の絶景が眼下に広がる。［　　］

□ 31 一キョ両得の策を練る。［　　］

□ 32 無理ナン題にひるまず取り組む。［　　］

標準解答

1 前《ぜん》途《と》有《ゆう》望《ぼう》
2 狂《きょう》喜《き》乱《らん》舞《ぶ》
3 一《いち》網《もう》打《だ》尽《じん》
4 門《もん》戸《こ》開《かい》放《ほう》
5 言《ごん》語《ご》道《どう》断《だん》
6 馬《ば》耳《じ》東《とう》風《ふう》

7 自《じ》己《こ》矛《む》盾《じゅん》
8 美《び》辞《じ》麗《れい》句《く》
9 即《そく》断《だん》即《そっ》決《けつ》
10 二《に》束《そく》三《さん》文《もん》
11 優《ゆう》勝《しょう》劣《れっ》敗《ぱい》
12 理《り》路《ろ》整《せい》然《ぜん》

13 単《たん》刀《とう》直《ちょく》入《にゅう》
14 百《ひゃっ》鬼《き》夜《や》行《こう》
15 後《ご》生《しょう》大《だい》事《じ》
16 縦《じゅう》横《おう》無《む》尽《じん》
17 難《なん》攻《こう》不《ふ》落《らく》
18 威《い》風《ふう》堂《どう》々《どう》

19 前《ぜん》人《じん》未《み》到《とう》
20 時《じ》節《せつ》到《とう》来《らい》
21 不《ふ》言《げん》実《じっ》行《こう》
22 悪《あく》逆《ぎゃく》無《む》道《どう》
23 臨《りん》機《き》応《おう》変《へん》
24 創《そう》意《い》工《く》夫《ふう》

25 地《じ》盤《ばん》沈《ちん》下《か》
26 妙《みょう》計《けい》奇《き》策《さく》
27 無《む》念《ねん》無《む》想《そう》
28 満《まん》場《じょう》一《いっ》致《ち》
29 独《どく》立《りつ》自《じ》尊《そん》
30 一《いち》望《ぼう》千《せん》里《り》

31 一《いっ》挙《きょ》両《りょう》得《とく》
32 無《む》理《り》難《なん》題《だい》

点線で折り、解答を隠しても使えます!

1時間目

難易度Ⅰ

誤字訂正

目標時間 4分

あなたの学習の優先度は?
□A □B □C
使い方は20ページ

●次の各文に間違って使われている同じ読みの漢字が一字ある。上に誤字を、下に正しい漢字を記せ。

□ **1** 多様な民族が協存するには異なる価値観に対する相互理解が不可欠だ。 〔　→　〕

□ **2** 悲惨な事故を繰り返さないために専門家を交えて入念に安全対作を練る。 〔　→　〕

□ **3** 各国から収集した名画の数々を点示して、多くの来場者の賞賛を浴びた。 〔　→　〕

□ **4** 父の巨額な偉産を巡って兄弟間で争いが起こり解決の糸口が見えない。 〔　→　〕

□ **5** 海外の工場を視察して得られた貴重な体検を報告書にまとめて発表した。 〔　→　〕

□ **6** 異常な熱波と度重なる台風の襲来で農作物は軒並み真刻な打撃を受けた。 〔　→　〕

□ **7** 休学して負傷した腰の知療に専念した結果、驚異的な回復をとげた。 〔　→　〕

□ **8** 被災地に物資を届けたり人員を派遣したりして復旧使援に協力する。 〔　→　〕

□ 9 経営の改格を推進したが反対派が勢力をのばして遅々として進まない。 [↓]

□ 10 悪徳商法の横行に対して消費者の相談窓口を開接して被害を未然に防ぐ。 [↓]

□ 11 競豪を相手に互角の戦いを繰り広げたが、紙一重の差で及ばなかった。 [↓]

□ 12 労働環境の快善を図るために、使用者と協議を続けて合意に達した。 [↓]

□ 13 原材料が品薄状態で製造ができず取引先の注文への対往に苦慮している。 [↓]

□ 14 会社の経営方信を巡って内部で意見の対立が表面化し不協和音が生じた。 [↓]

標準解答

1 協→共
2 作→策
3 点→展
4 偉→遺
5 検→験
6 真→深
7 知→治
8 使→支
9 格→革
10 接→設
11 競→強
12 快→改
13 往→応
14 信→針

1 共存《きょうぞん》→同時に二つ以上のものが生存すること。
9 改革《かいかく》→制度などを改めて、良くすること。
11 強豪《きょうごう》→容易には勝てないほど強いこと。
12 改善《かいぜん》→悪い点を改めて、良くすること。

点線で折り、解答を隠しても使えます!

1時間目

難易度Ⅰ

書き取り①

●次の――線のカタカナを漢字に直せ。

□ 1 大敗して目に涙をウかべる。

□ 2 マドベにきれいな花を飾る。

□ 3 処方された薬のコウカが表れる。

□ 4 長時間スワったままで作業する。

□ 5 自分の名前のユライを母に尋ねる。

□ 6 温泉地の旅館にシュクハクする。

□ 7 高価な食器を大切にアツカう。

□ 8 親類をタヨって上京する。

□ 9 寝不足でツカれが取れない。

□ 10 ヘイボンな暮らしにあきあきする。

□ 11 天気の良い日に布団を外にホす。

□ 12 海岸に続く松林は郷土のホコりだ。

□ 13 台風が近づいてアれた天気になる。

□ 14 命にマサる大事なものはない。

□ 15 病院で胃とチョウを検査する。

□ 16 サンピ両論のある難題を話し合う。

□ 17 大統領の演説を同時ツウヤクする。

□ 18 銀行にアズけた現金を引き出す。

□ 19 結婚を仲間からシュクフクされた。

□ 20 師のオンに報いようと日々はげむ。

目標時間 5分

あなたの学習の優先度は?
□A □B □C
使い方は20ページ

- □ 21 山村の美しい風景をエガく。
- □ 22 カンベンな方法で検査を行う。
- □ 23 勇気をフルい立たせて戦にいどむ。
- □ 24 店のちらしをインサツする。
- □ 25 適度な運動をして健康をタモつ。
- □ 26 センメン所の鏡をみがく。
- □ 27 トウメイな容器に食材を入れる。
- □ 28 一日も休まずにキンベンに働く。
- □ 29 現場でタイキして様子を見る。
- □ 30 投資で巨額のソンシツを被る。
- □ 31 川幅がせまくなり流れがハゲしい。
- □ 32 コイビトに毎日電話をかける。
- □ 33 ゼツミョウな演技に目が離せない。
- □ 34 倉庫にコクモツを貯蔵する。
- □ 35 経歴をジュウシして採用する。
- □ 36 受賞者に盛大なハクシュを送る。

標準解答

1 浮	2 窓辺	3 効果	4 座	5 由来	6 宿泊
7 扱	8 頼	9 疲	10 平凡	11 干	12 誇
13 荒	14 勝	15 腸	16 賛否	17 通訳	18 預
19 祝福	20 恩	21 描	22 簡便	23 奮	24 印刷
25 保	26 洗面	27 透明	28 勤勉	29 待機	30 損失
31 激	32 恋人	33 絶妙	34 穀物	35 重視	36 拍手

点線で折り、解答を隠しても使えます！

書き取り②

目標時間
5分

あなたの学習の優先度は?
□A □B □C
使い方は20ページ

●次の――線のカタカナを漢字に直せ。

□ 1 祭りにチイキの住民が参加する。
□ 2 倉庫に食べ物をチョゾウする。
□ 3 一世一代の晴れのブタイに立つ。
□ 4 イズミから透き通った水がわく。
□ 5 勇退する社長にハナタバを贈った。
□ 6 消費者の生活状況をチョウサする。
□ 7 しんしんとワタユキが降り積もる。
□ 8 寝転がってコキュウを整える。
□ 9 鮮魚を大型トラックでユソウする。
□ 10 祖母は機オりで生計を立てた。
□ 11 キズグチを消毒して包帯を巻く。
□ 12 海岸のスナハマで日光浴をする。
□ 13 経済のオウゴン期をきずいた。
□ 14 霧が晴れてシカイが開ける。
□ 15 おテナみを拝見いたします。
□ 16 ジュクレンの職人技に舌を巻いた。
□ 17 インコが飼い主のコワイロをまねる。
□ 18 ムナモトにブローチを飾る。
□ 19 すべてが裏目に出てヨワネを吐く。
□ 20 市民から多数の意見がヨせられた。

□ 21 大根をワギリにして煮込む。

□ 22 カゲキな発言をして注目される。

□ 23 住民のアンピが心配されている。

□ 24 ホネミをおしまず勉強にはげむ。

□ 25 洗面所のかびをジョキョする。

□ 26 集客力のある店舗をゾウチクする。

□ 27 芸事にムチュウで取り組む。

□ 28 驚きのあまり腰をヌかした。

□ 29 力士がドヒョウに塩をまく。

□ 30 夜が更けても客足がタえない。

□ 31 力士のキョタイに圧倒される。

□ 32 正直でコウカンの持てる青年だ。

□ 33 ウナギをスデですばやくつかむ。

□ 34 スジミチを立てて説明する。

□ 35 大工のカシラが職人を指揮する。

□ 36 ユクエの分からない犬をさがす。

標準解答

1 地域
2 貯蔵
3 舞台
4 泉
5 花束
6 調査
7 綿雪
8 呼吸
9 輸送
10 織
11 傷口
12 砂浜
13 黄金
14 視界
15 手並
16 熟練
17 声色
18 胸元
19 弱音
20 寄
21 輪切
22 過激
23 安否
24 骨身
25 除去
26 増築
27 夢中
28 抜
29 土俵
30 絶
31 巨体
32 好感
33 素手
34 筋道
35 頭
36 行方

点線で折り、解答を隠しても使えます！

1時間目

難易度Ⅰ

書き取り③

目標時間
5分

あなたの学習の優先度は?
□A □B □C
使い方は20ページ

●次の——線のカタカナを漢字に直せ。

□ 1 選手が現役をインタイする。

□ 2 息子の人生のカドデを祝福する。

□ 3 被告人に無罪がセンコクされた。

□ 4 毎朝六時にキショウする。

□ 5 道に捨てられた空きかんをヒロう。

□ 6 駅前のホウチ自転車を処分する。

□ 7 学校のウラニワに畑を作る。

□ 8 家で子犬を一匹カっている。

□ 9 メガネをかけて小さい文字を読む。

□ 10 むだをハブいて経費をけずる。

□ 11 技術者のココロガマえを教える。

□ 12 ダンペン的な知識を集約する。

□ 13 大女優が意外なスガオを見せる。

□ 14 ハナゾノで多くのチョウが舞う。

□ 15 海と山に囲まれ自然にメグまれる。

□ 16 余計なことをしてボケツを掘った。

□ 17 タビカサなる不手際を謝罪した。

□ 18 現場に大きなケンゲンを与える。

□ 19 努力が報われヒガンを達成した。

□ 20 ハナスジの通った美女だ。

□ 21 批判が集中し失言をベンメイする。

□ 22 店を拡大してシュウエキを増やす。

□ 23 そばの実をひいてコナにする。

□ 24 仕事でイソガしい日々を送る。

□ 25 リョウシツな食材で料理を作る。

□ 26 自宅の近くにカミナリが落ちた。

□ 27 大型船をソウジュウする。

□ 28 工場の機械がコショウする。

□ 29 一人ムスメを大切に育てる。

□ 30 モモの節句にひしもちを飾る。

□ 31 一人前になって社会へとスダった。

□ 32 無礼な言葉にイカりが込み上げる。

□ 33 シタサキ三寸で丸め込まれる。

□ 34 木の下でアマヤドりをした。

□ 35 小切手をカキトメで送った。

□ 36 手紙を読んでメガシラを熱くした。

標準解答

1 引退	2 門出	3 宣告	4 起床	5 拾	6 放置
7 裏庭	8 飼	9 眼鏡	10 省	11 心構	12 断片
13 素顔	14 花園	15 恵	16 墓穴	17 度重	18 権限
19 悲願	20 鼻筋	21 弁明	22 収益	23 粉	24 忙
25 良質	26 雷	27 操縦	28 故障	29 娘	30 桃
31 巣立	32 怒	33 舌先	34 雨宿	35 書留	36 目頭

点線で折り、解答を隠しても使えます!

1時間目

難易度Ⅰ

書き取り④

目標時間
5分

●次の――線のカタカナを漢字に直せ。

□ 1 深夜でヒトカゲもまばらになる。

□ 2 体温計のメモリを正確に読む。

□ 3 感謝の気持ちを行動でシメす。

□ 4 別れ際にアクシュを交わす。

□ 5 市場でシンセンな野菜を買う。

□ 6 リンジニュースが流れる。

□ 7 歴史に関するチョサクを読む。

□ 8 乾杯のスピーチの原稿をネる。

□ 9 道路がコンザツして前に進まない。

□ 10 ファンがネツレツな声援を送る。

□ 11 米ダワラをかついで倉に運ぶ。

□ 12 日がクれる前に家に帰る。

□ 13 生ごみを焼却してショリする。

□ 14 費用のウチワケを明記する。

□ 15 外交問題についてトウギを重ねる。

□ 16 ボタンをオしてドアを開ける。

□ 17 シキサイの美しい絵画を鑑賞する。

□ 18 フルスの会社にもどって活躍する。

□ 19 改札で駅員にテイキケンを見せる。

□ 20 野球で右手にキズを負った。

あなたの学習の優先度は？
□A □B □C
使い方は20ページ

21 煮物に少量のサトウを加える。

22 神のケシンとしてあがめられる。

23 木綿のハンカチを赤くソめる。

24 学校のソウリツ記念日を祝う。

25 いつもの朝より早くメザめる。

26 デパートの売り場でマイゴになる。

27 オニの首を取ったように喜ぶ。

28 被災者にカリの住まいを提供する。

29 とっさに口からデマカセを言う。

30 キョダイな岩を打ちくだく。

31 ワレサキにと買い物客が殺到した。

32 悪政にミンシュウの不満がつのる。

33 コウシとして学生に英語を教える。

34 ネビきされた商品を買う。

35 キョウテキを破って決勝に進む。

36 雪道でタイヤがカラマワりする。

標準解答

1 人影
2 目盛
3 示
4 握手
5 新鮮
6 臨時
7 著作
8 練
9 混雑
10 熱烈
11 俵
12 暮
13 処理
14 内訳
15 討議
16 押
17 色彩
18 古巣
19 定期券
20 傷
21 砂糖
22 化身
23 染
24 創立
25 目覚
26 迷子
27 鬼
28 仮
29 出任
30 巨大
31 我先
32 民衆
33 講師
34 値引
35 強敵
36 空回

点線で折り、解答を隠しても使えます!

覚えて得する「部首の意味」

部首にはそれぞれ固有の意味があります。そのため、部首が何か一見わかりにくい漢字でも、漢字の意味を考えるとハッと思い当たることがあるものです。わからなくてもすぐあきらめず、意味を考えながら見てみましょう。

彡 さんづくり
意味 飾りや模様、形を変えることなど
例 彩 影 形

隹 ふるとり
意味 鳥に関すること
例 雄 雌 離 雅

戈 ほこづくり
意味 武器に関すること
例 戒 我 戯 成

衣 ころも
意味 衣服やその状態など
例 裁 裏 装 表

灬 れんが・れっか
意味 火に関することなど
例 煮 烈 為 熟

行 ぎょうがまえ・ゆきがまえ
意味 道に関すること
例 衛 術 街

疒 やまいだれ
意味 病気に関すること
例 疲 療 痛 病

艹 くさかんむり
意味 植物に関すること
例 蓄 菓 薪 茂

2時間目

難易度 Ⅱ

２時間目は試験で200点中120点を目指すレベルです。
合格するために必ず押さえるべき漢字を
収録しています。

2時間目

難易度Ⅱ

読み①

目標時間
3分

あなたの学習の優先度は?
□A □B □C
使い方は20ページ

●次の――線の漢字の読みをひらがなで記せ。

□ 1 隣人の騒音で目が覚める。

□ 2 火口からマグマが噴き上がった。

□ 3 玄関にスリッパを並べる。

□ 4 かぜの流行が全国に波及する。

□ 5 魚がこがして部屋中が煙たい。

□ 6 政変が起こり王が国外へ脱出する。

□ 7 コンテストで作品の優劣を競う。

□ 8 逃した獲物は大きい。

□ 9 風説に惑わされて判断を誤る。

□ 10 天ぷらをあげて油が跳ねる。

□ 11 風雨にさらされて納屋が朽ちる。

□ 12 裁判所に人権の侵害を訴える。

□ 13 無香料の石けんを買い求める。

□ 14 軒先を借りて雨宿りする。

□ 15 脈絡のない話にうんざりする。

□ 16 不景気で工場を閉鎖する。

□ 17 社長夫人が着物をお召しになる。

□ 18 ころんだ拍子に腰を打った。

□ 19 **援軍**が来るまで持ちこたえる。

□ 20 見事な離れ**業**をやってのけた。

□ 21 長いスカートの**丈**を詰める。

□ 22 飛行機の**尾翼**を入念に検査する。

□ 23 **誠**を尽くして反対派の理解を得る。

□ 24 経営が**過渡期**にさしかかる。

□ 25 定年退職し**隠居**生活に入る。

□ 26 雨の後に草の葉に**露**が光っている。

□ 27 入学試験の**要項**が発表された。

□ 28 不可解な行動が**憶測**を呼んだ。

□ 29 放課後に先生が校内を**巡視**する。

□ 30 荒波が**岸壁**に打ちつける。

□ 31 真冬でも**薄着**で遊び回っている。

□ 32 容疑が晴れて**釈放**される。

標準解答

1 りんじん
2 ふ
3 げんかん
4 はきゅう
5 けむ
6 だっしゅつ
7 ゆうれつ
8 えもの
9 まど
10 は
11 く
12 しんがい
13 こうりょう
14 のきさき
15 みゃくらく
16 へいさ
17 め
18 ひょうし
19 えんぐん
20 わざ
21 たけ
22 びよく
23 まこと
24 かとき
25 いんきょ
26 つゆ
27 ようこう
28 おくそく
29 じゅんし
30 がんぺき
31 うすぎ
32 しゃくほう

14 **軒先**《のきさき》↓軒の突き出た部分、家の前。
15 **脈絡**《みゃくらく》↓物事の道理。
20 **離**《はな》**れ業**《わざ》↓普通の人にはできない難しい芸当や振る舞いのこと。
24 **過渡期**《かとき》↓古い状態から新しい状態へと移り変わる途中の時期。
25 **隠居**《いんきょ》↓仕事を離れて、ゆっくりとくつろいで暮らすこと。
29 **巡視**《じゅんし》↓監とくなどのためにあちこちを見て回ること。

点線で折り、解答を隠しても使えます!

2時間目

難易度Ⅱ

読み②

目標時間 3分

あなたの学習の優先度は?

□A □B □C

使い方は20ページ

●次の――線の漢字の読みをひらがなで記せ。

□ 1 **御殿**のような屋敷を構える。

□ 2 迷子が親をさがして泣き**叫**ぶ。

□ 3 果物をていねいに**箱詰**めする。

□ 4 多くの商品の中から**即決**で選ぶ。

□ 5 峠を**越**えて隣村の集落に行く。

□ 6 濃いめのコーヒーで**眠気**を覚ます。

□ 7 **抜群**の学業成績を収める。

□ 8 **肩幅**をメジャーで採寸する。

□ 9 冬が到来し**木枯**らしが吹きすさぶ。

□ 10 日が**陰**って次第に気温が下がった。

□ 11 経歴に**汚点**を残す失態だ。

□ 12 冷たい水の**感触**が心地良い。

□ 13 客の要望に**敏速**に対応する。

□ 14 派手な髪型で**奇異**な目で見られる。

□ 15 トンネルを**掘**って鉄道を通す。

□ 16 他への影響は**微々**たるものだった。

□ 17 水道管が壊れ周囲が**水浸**しになる。

□ 18 技術力が**飛躍**的に向上する。

19 **腕白**な子供たちに手を焼く。

20 思わぬ反撃にあい**退却**する。

21 長い**休暇**を取って海外に出かける。

22 **間違**いに気付いて即座に直す。

23 夏休みに**沢登**りを楽しむ。

24 一週間分の水と米を**備蓄**する。

25 飼い犬を**鎖**でつないでおく。

26 車内での飲食はご**遠慮**ください。

27 マグロの**漁獲**量が大幅に減少した。

28 無礼な態度に**烈火**のごとく怒った。

29 大国との不利益な条約を**甘受**する。

30 恩師の**戒**めを胸に刻み込む。

31 必要事項を書類に**記載**する。

32 タカが**翼**を広げて飛び立つ。

標準解答

1 ごてん
2 さけ
3 はこづ
4 そっけつ
5 こ
6 ねむけ
7 ばつぐん
8 かたはば
9 こが
10 かげ
11 おてん
12 かんしょく
13 びんそく
14 きい
15 ほ
16 びび
17 みずびた
18 ひやく
19 わんぱく
20 たいきゃく
21 きゅうか
22 まちが
23 さわのぼ
24 びちく
25 くさり
26 えんりょ
27 ぎょかく
28 れっか
29 かんじゅ
30 いまし
31 きさい
32 つばさ

14 **奇《き》異《い》**→普通と異なっていること。

19 **腕白《わんぱく》**→子供が活発に動き回ったり、言うことを聞かずに悪さをすること。

23 **沢登《さわのぼ》り**→谷川に沿って山を登ること。

28 **烈《れっ》火《か》**→激しく燃えさかる火。

29 **甘受《かんじゅ》**→仕方の無いものとして受け入れること。

30 **戒《いまし》め**→してはいけないことをしないように注意すること。

点線で折り、解答を隠しても使えます!

2時間目

難易度Ⅱ

読み③

目標時間 3分

あなたの学習の優先度は?

□A □B □C

使い方は20ページ

●次の――線の漢字の読みをひらがなで記せ。

□ 1 樹脂を加工して機械部品を作る。

□ 2 堂々とした筆致で書き上げる。

□ 3 地盤が沈下して建物が傾いた。

□ 4 建築家に自宅の設計を依頼する。

□ 5 教師が生徒の海外研修を引率する。

□ 6 公園で遅咲きの桜を味わう。

□ 7 資料に詳細なデータを添付する。

□ 8 新薬の研究開発を継続する。

□ 9 海外留学の候補者を選抜する。

□ 10 試合開始直後から積極的に攻める。

□ 11 赤ちゃんが寝息を立てて眠る。

□ 12 業績が好転し賞与が支給された。

□ 13 隣の芝生は青い。

□ 14 神妙な面持ちで試験結果を待つ。

□ 15 雑草の茂る空き地で虫に刺された。

□ 16 突然の無理難題に困惑する。

□ 17 部下の意見に黙って耳を傾ける。

□ 18 論拠にとぼしく説得力がない。

□ 19 奇跡的に一命をとりとめた。

□ 20 突堤に腰かけてつりを楽しむ。

□ 21 選挙で政治改革の是非を問う。

□ 22 濃縮したオレンジジュースを飲む。

□ 23 大聖堂の壁画を修復する。

□ 24 夜が更けてきて次第に眠くなる。

□ 25 人命を救助して称賛を浴びる。

□ 26 暦の上では春だが外はまだ寒い。

□ 27 用途の広い素材として重宝される。

□ 28 法律を盾にして要求をはねつける。

□ 29 観客からの声援に勇気づけられる。

□ 30 強風にあおられて船が傾いた。

□ 31 大気汚染が健康に影響を及ぼす。

□ 32 大量の資料から要点を摘出する。

標準解答

1 じゅし
2 ひっち
3 ちんか
4 いらい
5 いんそつ
6 おそざ
7 てんぷ
8 けいぞく
9 せんばつ
10 せ
11 ねいき
12 しょうよ
13 しばふ
14 しんみょう
15 しげ
16 こんわく
17 だま
18 ろんきょ
19 きせき
20 とってい
21 ぜひ
22 のうしゅく
23 へきが
24 ねむ
25 しょうさん
26 こよみ
27 ようと
28 たて
29 せいえん
30 かたむ
31 えいきょう
32 てきしゅつ

2 筆致《ひっち》→文章などの書きぶり。
5 引率《いんそつ》→多くの人を引き連れること。
14 神妙《しんみょう》→素直で、おとなしいこと。
18 論拠《ろんきょ》→論証の根拠となる事柄。
20 突堤《とってい》→陸から海や川に突き出た堤防。
32 摘出《てきしゅつ》→抜き出すこと。

点線で折り、解答を隠しても使えます!

2時間目

難易度Ⅱ

読み④

目標時間 3分

●次の——線の漢字の読みをひらがなで記せ。

□ 1 国会議員が政党から離脱する。

□ 2 機械の操作方法を詳しく説明する。

□ 3 戦で手柄を立てて出世する。

□ 4 手に汗を握る接戦の末に勝利した。

□ 5 幼いころから謡曲を習っている。

□ 6 交流会を機縁に友好関係が続く。

□ 7 お歳暮に菓子の詰め合わせを贈る。

□ 8 縁談の橋渡し役を務める。

□ 9 細心の注意を払って運転する。

□ 10 遠方から来た客を心から歓待する。

□ 11 沢の冷たい水に足を浸す。

□ 12 東の夜空に恒星が光り輝く。

□ 13 病気と闘う子供たちを支援する。

□ 14 就職をひかえ頭髪を黒く染める。

□ 15 娘のために婚礼道具を用意する。

□ 16 参道にある路傍の石仏を拝む。

□ 17 実験して観察データを蓄積する。

□ 18 オリーブは平和の象徴といわれる。

あなたの学習の優先度は？

□A □B □C

使い方は20ページ

□ 19 表情は言葉よりも**雄弁**に語る。

□ 20 公園から園児の**騒**ぎ声が聞こえる。

□ 21 **精鋭**部隊を現場に送り込む。

□ 22 **趣**のある風景が残る温泉街を歩く。

□ 23 外国人から駅への道を**尋**ねられる。

□ 24 **軽率**な行動を深く反省する。

□ 25 悲しみをこらえて**気丈**に振る舞う。

□ 26 書類の提出期限が**迫**っている。

□ 27 宿泊客をバスで**送迎**する。

□ 28 **羽毛**が入った布団で安眠する。

□ 29 動物に食べられた**形跡**がある。

□ 30 暖冬でスキー場が損害を**被**る。

□ 31 表現の自由を**侵**してはならない。

□ 32 伝統の技を次世代に**継承**する。

標準解答

1 りだつ
2 くわ
3 てがら
4 にぎ
5 ようきょく
6 きえん
7 つ
8 はしわた
9 はら
10 かんたい
11 さわ
12 こうせい
13 たたか
14 とうはつ
15 こんれい
16 ろぼう
17 ちくせき
18 しょうちょう
19 ゆうべん
20 さわ
21 せいえい
22 おもむき
23 たず
24 けいそつ
25 きじょう
26 せま
27 そうげい
28 うもう
29 けいせき
30 こうむ
31 おか
32 けいしょう

5 **謡曲《ようきょく》**→能楽の詩歌や文章。
6 **機縁《きえん》**→きっかけ。
10 **歓待《かんたい》**→心のこもった手厚いもてなし。
16 **路傍《ろぼう》**→道のかたわら。
19 **雄弁《ゆうべん》**→力強く話すこと。「雄弁に語る」で、はっきり示していること。
23 **尋《たず》ねる**→わからない事柄を人に聞く。
25 **気丈《きじょう》**→心がしっかりしていること。

点線で折り、解答を隠しても使えます！

読み⑤

目標時間
3分

あなたの学習の優先度は？
□A □B □C
使い方は20ページ

●次の――線の漢字の読みをひらがなで記せ。

□ 1 **跳馬**の演技に思わず見とれる。
□ 2 第一志望の大学が合格**圏内**に入る。
□ 3 **高慢**な振る舞いが不興を買う。
□ 4 注意力が**散漫**で事故を招いた。
□ 5 コーチの指示を**瞬時**に理解する。
□ 6 **鈍重**な動作にいら立ちを覚える。
□ 7 皆の前で料理の**腕前**を見せる。
□ 8 床の間のつぼを**鑑定**してもらう。
□ 9 居間の窓に**網戸**を取り付ける。

□ 10 激しい**砲撃**を浴びせられる。
□ 11 空き地の雑草を**刈**り取った。
□ 12 初めての都会生活に胸を**躍**らせる。
□ 13 事故の**惨状**を生々しく伝える。
□ 14 米を三合研いで水に**浸**す。
□ 15 太陽光をレンズで**屈折**させる。
□ 16 **縁起**物を取り扱う店が並んでいる。
□ 17 人口が流出して商店街が**寂**れる。
□ 18 複数の会社の役員を**兼務**する。

□ 19 故障**箇所**を特定して修理する。

□ 20 政界に多数の人材を**輩出**する。

□ 21 国を統一した王朝が**全盛**を極める。

□ 22 **甘党**の客に和菓子を出す。

□ 23 雑誌に旅行の体験談を**投稿**する。

□ 24 山中で突然ヒグマに**襲**われる。

□ 25 水滴がついて窓ガラスが**曇**る。

□ 26 直接対決を制して首位に**浮上**する。

□ 27 クラスメイトから**愛称**で呼ばれる。

□ 28 鉄分を多く**含有**する食品をとる。

□ 29 初対面で**鮮烈**な印象を与える。

□ 30 **威勢**のよいかけ声が飛び交う。

□ 31 野球中継の**実況**を担当する。

□ 32 **木綿**のハンカチで涙をぬぐう。

標準解答

1 ちょうば
2 けんない
3 こうまん
4 さんまん
5 しゅんじ
6 どんじゅう
7 うでまえ
8 かんてい
9 あみど
10 ほうげき
11 か
12 おど
13 さんじょう
14 ひた
15 くっせつ
16 えんぎ
17 さび
18 けんむ
19 かしょ
20 はいしゅつ
21 ぜんせい
22 あまとう
23 とうこう
24 おそ
25 くも
26 ふじょう
27 あいしょう
28 がんゆう
29 せんれつ
30 いせい
31 じっきょう
32 もめん

1 **跳馬**《ちょうば》→体操演技の一つ。

4 **散漫**《さんまん》→態度などにきん張感がないこと。

6 **鈍重**《どんじゅう》→動作などがにぶくて、のろいこと。

13 **惨状**《さんじょう》→目を背けたくなるような、むごい様子。

20 **輩出**《はいしゅつ》→優れた人物が続々と世に現れること。

30 **威勢**《いせい》→活気があり、勇ましいこと。

2時間目

難易度Ⅱ

同音・同訓異字

目標時間 3分

あなたの学習の優先度は?

□A □B □C

使い方は20ページ

●次の――線のカタカナに当てはまる漢字をそれぞれのア～オから一つ選び、記号を記せ。

□ 1 事故現場がソウ然とする。

□ 2 気温が下がり空気が乾ソウする。

□ 3 老ソウの教えを後世に伝える。

（ア僧　イ騒　ウ総　エ操　オ燥）

□ 4 事故により列車のチ延が生じる。

□ 5 大一番でチ命的なミスを犯す。

□ 6 放チされたごみを処分する。

（ア致　イ置　ウ恥　エ値　オ遅）

□ 7 イ業をたたえ銅像が建てられる。

□ 8 イても立ってもいられない。

□ 9 参加者の意見が相イする。

（ア維　イ依　ウ偉　エ違　オ居）

□ 10 生地にスかし模様を入れる。

□ 11 スんだ小川にメダカが泳いでいる。

□ 12 宿題をスませて外に遊びに行く。

（ア住　イ刷　ウ済　エ澄　オ透）

13 シュ向をこらした料理を振る舞う。
14 シュに交われば赤くなる。
15 通読して文のシュ尾を整える。

（ア趣　イ狩　ウ主　エ朱　オ首）

16 親が付きソって学校に行く。
17 自慢話をしながら胸をソらす。
18 彼女は髪を茶色にソめている。

（ア添　イ染　ウ沿　エ反　オ訴）

19 イの中のかわず大海を知らず。
20 ねらった獲物に向けて矢をイる。
21 安イに依頼を引き受けて失敗した。

（ア井　イ易　ウ射　エ依　オ維）

22 従来のやり方をトウ襲する。
23 表現が似ていてトウ作が疑われる。
24 長い沈黙のあとトウ突に口を開く。

（ア踏　イ到　ウ盗　エ唐　オ倒）

標準解答

1 イ（騒）　2 オ（燥）　3 ア（憎）　4 オ（遅）　5 ア（致）　6 イ（置）

7 ウ（偉）　8 オ（居）　9 エ（違）　10 オ（透）　11 エ（澄）　12 ウ（済）

13 ア（趣）　14 エ（朱）　15 オ（首）　16 ア（添）　17 エ（反）　18 イ（染）

19 ア（井）　20 ウ（射）　21 イ（易）　22 ア（踏）　23 ウ（盗）　24 エ（唐）

1 騒然《そうぜん》→ざわめいて騒がしい様子。
7 偉業《いぎょう》→立派な仕事。
11 澄《す》む→水や空気が透き通って見える。
13 趣向《しゅこう》→おもむきなどを出すための工夫。
15 首尾《しゅび》→始めと終わり。
22 踏襲《とうしゅう》→前のやり方を受け継ぐこと。
24 唐突《とうとつ》→急に何かをする様子。

点線で折り、解答を隠しても使えます！

2時間目

難易度Ⅱ

漢字識別

目標時間 3分

●三つの□に共通する漢字を［　］の中から選んで熟語を作り、記号で記せ。

□ 1　□有・□拠・独□　［　　］

□ 2　□法・□約・□反　［　　］

□ 3　奇□・遺□・追□　［　　］

□ 4　□陸・□反・別□　［　　］

□ 5　宮□・□下・□堂　［　　］

ア 越　イ 性　ウ 離　エ 占　オ 殿
カ 踏　キ 違　ク 跡　ケ 薄　コ 途

□ 6　□拠・□頼・□然　［　　］

□ 7　陰□・□事・悲□　［　　］

□ 8　□細・機□・□量　［　　］

□ 9　□濁・□名・□水　［　　］

□ 10　陰□・□響・人□　［　　］

ア 更　イ 雄　ウ 微　エ 濃　オ 陣
カ 侵　キ 影　ク 汚　ケ 依　コ 惨

あなたの学習の優先度は?
□A □B □C
使い方は20ページ

11 □麗・□的・途□ 〔　〕

12 利□・拓□・繁□ 〔　〕

13 □角・□感・□発 〔　〕

14 □容・猛□・権□ 〔　〕

ア 殖　イ 堅　ウ 趣　エ 威　オ 陰
カ 業　キ 端　ク 触

15 □回・□業・□礼 〔　〕

16 飛□・□起・□進 〔　〕

17 占□・□為・□無 〔　〕

18 □党・授□・関□ 〔　〕

ア 有　イ 与　ウ 涙　エ 幅　オ 巡
カ 躍　キ 扇　ク 慮

標準解答

1 エ（占有《せんゆう》・占拠《せんきょ》・独占《どくせん》）
2 キ（違法《いほう》・違約《いやく》・違反《いはん》）
3 ク（奇跡《きせき》・遺跡《いせき》・追跡《ついせき》）
4 ウ（離陸《りりく》・離反《りはん》・別離《べつり》）
5 オ（宮殿《きゅうでん》・殿下《でんか》・殿堂《でんどう》）

6 ケ（依拠《いきょ》・依頼《いらい》・依然《いぜん》）
7 コ（陰惨《いんさん》・惨事《さんじ》・悲惨《ひさん》）
8 ウ（微細《びさい》・機微《きび》・微量《びりょう》）
9 ク（汚濁《おだく》・汚名《おめい》・汚水《おすい》）
10 キ（陰影《いんえい》・影響《えいきょう》・人影《ひとかげ》）

11 キ（端麗《たんれい》・端的《たんてき》・途端《とたん》）
12 ア（利殖《りしょく》・拓殖《たくしょく》・繁殖《はんしょく》）
13 ク（触角《しょっかく》・触感《しょっかん》・触発《しょくはつ》）
14 エ（威容《いよう》・猛威《もうい》・権威《けんい》）

15 オ（巡回《じゅんかい》・巡業《じゅんぎょう》・巡礼《じゅんれい》）
16 カ（飛躍《ひやく》・躍起《やっき》・躍進《やくしん》）
17 ア（占有《せんゆう》・有為《うい》・有無《うむ》）
18 イ（与党《よとう》・授与《じゅよ》・関与《かんよ》）

点線で折り、解答を隠しても使えます！

2時間目

難易度Ⅱ

熟語の構成

目標時間 3分

●熟語の構成には、次のようなものがある。

ア 同じような意味の字を重ねたもの（例 岩石）
イ 反対または対応の意味を表す字を重ねたもの（例 高低）
ウ 上の字が下の字を修飾しているもの（例 洋画）
エ 下の字が上の字の目的語・補語になっているもの（例 着席）
オ 上の字が下の字の意味を打ち消しているもの（例 非常）

●次の熟語は右のア～オのどれに当たるか、一つ選んで記号を記せ。

□ 1 断続［　］
□ 2 鋭敏［　］
□ 3 不屈［　］
□ 4 歓喜［　］
□ 5 繁茂［　］
□ 6 遊戯［　］
□ 7 巡回［　］
□ 8 西暦［　］
□ 9 微量［　］
□ 10 前傾［　］
□ 11 比較［　］
□ 12 歌謡［　］

□ 13 違約〔　　〕

□ 14 首尾〔　　〕

□ 15 休暇〔　　〕

□ 16 瞬間〔　　〕

□ 17 乾燥〔　　〕

□ 18 路傍〔　　〕

□ 19 腐敗〔　　〕

□ 20 捕球〔　　〕

□ 21 経緯〔　　〕

□ 22 抜歯〔　　〕

□ 23 奇数〔　　〕

□ 24 求婚〔　　〕

□ 25 橋脚〔　　〕

□ 26 砂丘〔　　〕

□ 27 利害〔　　〕

□ 28 絶縁〔　　〕

標準解答

1 イ「断つ」↕「続く」
2 ア 鋭も敏も「するどい」の意
3 オ 屈服しないこと
4 ア 歓も喜も「よろこぶ」の意
5 ア 繁も茂も「しげる」の意
6 ア 遊も戯も「あそぶ」の意
7 ア 巡も回も「まわる」の意
8 ウ「西洋の↓暦」の意
9 ウ「わずかな（微）↓量」の意
10 ウ「前に↓傾くこと」の意

11 ア 比も較も「くらべる」の意
12 ア 歌も謡も「うた」の意
13 エ「違反する↑約束を」の意
14 イ「はじめ（首）」↕「おわり（尾）」
15 ア 休も暇も「やすみ」の意
16 ウ「まばたき（瞬）ほどの短い↓時間」の意
17 ア 乾も燥も「かわく」の意
18 ウ「みち（路）の↓かたわら（傍）」の意
19 ア 腐も敗も「だめになる」の意
20 エ「捕る↑球を」の意

21 イ「たて糸（経）」↕「よこ糸（緯）」
22 エ「抜く↑歯を」の意
23 ウ「半端な（奇）↓数」の意
24 エ「求める↑結婚を」の意
25 ウ「橋の↓あし（脚）」の意
26 ウ「砂の↓丘」の意
27 イ「利益」↕「損害」
28 エ「絶つ↑縁を」の意

点線で折り、解答を隠しても使えます!

2時間目

難易度Ⅱ

部首①

目標時間
3分

●次の漢字の部首をア～エから一つ選び、記号を記せ。

□ 1 扇（ア尸　イ一　ウ羽　エ戸）［　　］

□ 2 盤（ア几　イ皿　ウ舟　エ殳）［　　］

□ 3 煮（ア耂　イ日　ウ灬　エ土）［　　］

□ 4 戦（ア⺍　イ十　ウ日　エ戈）［　　］

□ 5 圏（ア人　イ大　ウ口　エ己）［　　］

□ 6 監（ア二　イ臣　ウ匚　エ皿）［　　］

□ 7 越（ア走　イ戈　ウ厂　エ土）［　　］

□ 8 雅（ア丿　イ隹　ウ十　エ二）［　　］

□ 9 敬（ア口　イ艹　ウ攵　エ勹）［　　］

□ 10 誉（ア一　イ八　ウ言　エ⺍）［　　］

□ 11 含（ア二　イ口　ウ人　エ一）［　　］

□ 12 慮（ア厂　イ心　ウ田　エ虍）［　　］

あなたの学習の優先度は？
□A □B □C
使い方は20ページ

□ 13 朱 （ア二　イ牛　ウ木　エ十）【　】

□ 14 寝 （ア冫　イ又　ウ宀　エ冖）【　】

□ 15 壁 （ア口　イ尸　ウ土　エ辛）【　】

□ 16 蒸 （ア一　イ灬　ウ水　エ艹）【　】

□ 17 軒 （ア車　イ二　ウ十　エ干）【　】

□ 18 壊 （ア衣　イ罒　ウ土　エ十）【　】

□ 19 屈 （ア厂　イ屮　ウ尸　エ山）【　】

□ 20 脚 （ア卩　イ土　ウ月　エ厶）【　】

□ 21 奇 （ア亅　イ一　ウ大　エ口）【　】

□ 22 箇 （ア⺮　イ囗　ウ口　エ十）【　】

標準解答

1 エ 戸（とだれ）
2 イ 皿（さら）
3 ウ 灬（れんが）
4 エ 戈（ほこづくり）
5 ウ 囗（くにがまえ）
6 エ 皿（さら）
7 ア 走（そうにょう）
8 イ 隹（ふるとり）
9 ウ 攵（のぶん）
10 ウ 言（げん）
11 イ 口（くち）
12 イ 心（こころ）
13 ウ 木（き）
14 ウ 宀（うかんむり）
15 ウ 土（つち）
16 エ 艹（くさかんむり）
17 ア 車（くるまへん）
18 ウ 土（つちへん）
19 ウ 尸（かばね）
20 ウ 月（にくづき）
21 ウ 大（だい）
22 ア ⺮（たけかんむり）

点線で折り、解答を隠しても使えます！

2時間目

難易度Ⅱ

部首②

目標時間 3分

あなたの学習の優先度は?

□A □B □C

使い方は20ページ

●次の漢字の部首をア～エから一つ選び、記号を記せ。

□ 1 勧（ア二　イノ　ウ隹　エ力）［　］

□ 2 暇（ア又　イ日　ウ口　エ二）［　］

□ 3 岸（ア二　イ干　ウ山　エ厂）［　］

□ 4 畳（ア田　イ冖　ウ一　エ目）［　］

□ 5 珍（ア⺩　イ彡　ウ人　エ王）［　］

□ 6 即（ア卩　イ厶　ウ日　エ艮）［　］

□ 7 我（ア弋　イ扌　ウノ　エ戈）［　］

□ 8 床（ア广　イ木　ウ十　エ厂）［　］

□ 9 透（ア乃　イ辶　ウ禾　エ木）［　］

□ 10 甘（ア甘　イ十　ウ日　エ一）［　］

□ 11 疲（ア广　イ疒　ウ又　エ皮）［　］

□ 12 戯（ア弋　イト　ウ戈　エ虍）［　］

13 陣（ア阝 イ日 ウ車 エ十）［　］

14 療（ア疒 イ广 ウ大 エ⺌）［　］

15 壱（ア匕 イ冖 ウ士 エ十）［　］

16 盗（ア冫 イ人 ウ皿 エ欠）［　］

17 痛（ア疒 イ冫 ウ广 エ用）［　］

18 屋（アム イ土 ウ至 エ尸）［　］

19 幾（ア弋 イ戈 ウ人 エ幺）［　］

20 鮮（ア田 イ灬 ウ魚 エ羊）［　］

21 吹（ア口 イノ ウ人 エ欠）［　］

22 傾（ア匕 イ目 ウ頁 エ亻）［　］

標準解答

1 エ力（ちから）
2 イ日（ひへん）
3 ウ山（やま）
4 ア田（た）
5 エ⺩（おうへん）
6 ア卩（わりふ）
7 エ戈（ほこづくり）
8 ア广（まだれ）
9 イ辶（しんにょう）
10 ア甘（かん）
11 イ疒（やまいだれ）
12 ウ戈（ほこづくり）
13 ア阝（こざとへん）
14 ア疒（やまいだれ）
15 ウ士（さむらい）
16 ウ皿（さら）
17 ア疒（やまいだれ）
18 エ尸（かばね）
19 エ幺（いとがしら）
20 ウ魚（うおへん）
21 ア口（くちへん）
22 エ亻（にんべん）

点線で折り、解答を隠しても使えます！

2時間目

難易度Ⅱ

対義語・類義語

目標時間 6分

あなたの学習の優先度は?

□A □B □C

使い方は20ページ

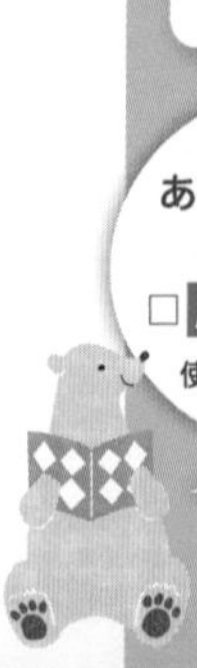

●次の□の中の語を一度だけ使って漢字に直し、対義語・類義語を記せ。

対義語

□1 保守―□新

□2 沈殿―□遊

□3 客席―舞□

□4 徴収―□入

類義語

□5 精進―□力

□6 縁者―□類

□7 天性―素□

□8 使命―責□

かく・しつ・しん・たい・ど・のう・ふ・む

対義語

□9 返却―□用

□10 不振―好□

□11 歳末―年□

□12 利益―□失

類義語

□13 承認―□可

□14 守備―□御

□15 恒久―□遠

□16 簡単―容□

い・えい・きょ・しゃく・そん・ちょう・とう・ぼう

対義語

□ 17 複雑―単□

□ 18 破壊―建□

□ 19 屈従―□抗

□ 20 攻撃―□御

類義語

□ 21 手本―□範

□ 22 対照―□較

□ 23 風刺―皮□

□ 24 結束―□結

じゅん・せつ・だん・にく・はん・ひ・ぼう・も

対義語

□ 25 近海―遠□

□ 26 軽率―慎□

□ 27 進撃―□却

□ 28 甘言―□言

類義語

□ 29 支度―□備

□ 30 回想―□憶

□ 31 冒頭―最□

□ 32 筋道―□絡

く・じゅん・しょ・たい・ちょう・つい・みゃく・よう

標準解答

1 革新《かくしん》
2 浮遊《ふゆう》
3 舞台《ぶたい》
4 納入《のうにゅう》
5 努力《どりょく》
6 親類《しんるい》
7 素質《そしつ》
8 責務《せきむ》

9 借用《しゃくよう》
10 好調《こうちょう》
11 年頭《ねんとう》
12 損失《そんしつ》
13 許可《きょか》
14 防御《ぼうぎょ》
15 永遠《えいえん》
16 容易《ようい》

17 単純《たんじゅん》
18 建設《けんせつ》
19 反抗《はんこう》
20 防御《ぼうぎょ》
21 模範《もはん》
22 比較《ひかく》
23 皮肉《ひにく》
24 団結《だんけつ》

25 遠洋《えんよう》
26 慎重《しんちょう》
27 退却《たいきゃく》
28 苦言《くげん》
29 準備《じゅんび》
30 追憶《ついおく》
31 最初《さいしょ》
32 脈絡《みゃくらく》

点線で折り、解答を隠しても使えます!

漢字と送りがな

目標時間 4分

あなたの学習の優先度は?
□A □B □C
使い方は20ページ

●次の——線のカタカナを漢字一字と送りがな（ひらがな）で記せ。

□ 1 田舎でヤスラカナ日々を送る。

□ 2 急な下り坂をボールがコロガル。

□ 3 家庭から出るごみの量をヘラス。

□ 4 キヨラカナ川の水をくむ。

□ 5 ふくろの中身がスケテ見える。

□ 6 弁護士をココロザシて法学を学ぶ。

□ 7 防音性にスグレた部屋を借りる。

□ 8 ユタカナ天然資源に恵まれる。

□ 9 あまりの惨状に言葉をウシナウ。

□ 10 太陽が分厚い雲にカクレル。

□ 11 平野部をノゾキ午後に雪が降った。

□ 12 ライバルと英語の成績をアラソウ。

□ 13 もう少しお時間をイタダキます。

□ 14 式典にコノマシイ服装を選ぶ。

□ 15 従来の教育制度をアラタメる。

□ 16 魚を冷蔵庫に入れ忘れてクサラス。

□ 17 無難だが面白みにカケル作品だ。

□ 18 取材にモトヅイて記事を書く。

□ 19 きん張のあまり身のチヂム思いだ。

□ 20 鳥のさえずりで目をサマシた。

□ 21 積雪で列車のダイヤがミダレる。

□ 22 苦しい環境にアマンジている。

□ 23 客がハテルともなく来店した。

□ 24 キツネとタヌキのバカシ合い。

□ 25 年長者をウヤマウ心を育む。

□ 26 ごほうびに娘のホシイ物を買う。

□ 27 歌手が舞台でライトをアビル。

□ 28 おしまれつつ会長の座をシリゾク。

□ 29 新しい職場環境にすぐにナレタ。

□ 30 四月に季節ハズレの雪が降る。

□ 31 答えがアキラカニ間違っている。

□ 32 祖父の仏前に花をソナエル。

標準解答

1 安らかな
2 転がる
3 減らす
4 清らかな
5 透けて
6 志し
7 優れ
8 豊かな
9 失う
10 隠れる
11 除き
12 争う
13 頂き
14 好ましい
15 改め
16 腐らす
17 欠ける
18 基づい
19 縮む
20 覚まし
21 乱れ
22 甘んじ
23 果てる
24 化かし
25 敬う
26 欲しい
27 浴びる
28 退く
29 慣れた
30 外れ
31 明らかに
32 供える

点線で折り、解答を隠しても使えます！

2時間目

難易度Ⅱ

四字熟語

目標時間 5分

あなたの学習の優先度は?
□A □B □C
使い方は20ページ

●次の――線のカタカナを漢字で記せ。

□ 1 古城の故事来レキを調べる。〔　〕

□ 2 薄リ多売で業績をのばす。〔　〕

□ 3 将来の予測が難しく五リ霧中だ。〔　〕

□ 4 弱肉強ショクの社会で勝ち抜く。〔　〕

□ 5 奇想テン外な発想で難題にいどむ。〔　〕

□ 6 解説を読み疑問がウン散霧消した。〔　〕

□ 7 用意シュウ到な計画を立てる。〔　〕

□ 8 悲運はイン果応報によるものだ。〔　〕

□ 9 熟慮ダン行して苦境を乗り越える。〔　〕

□ 10 社長の独断セン行をはばむ。〔　〕

□ 11 玉石コン交の作品から秀作を選ぶ。〔　〕

□ 12 衆人環シの中で事故が発生した。〔　〕

□ 13 意シ薄弱ですぐにあきらめる。〔　〕

□ 14 メイ実一体の見事な仕事ぶりだ。〔　〕

□ 15 部下の面従フク背を感じ取る。〔　〕

□ 16 外交ジ令をうのみにする。〔　〕

□ 17 不力抗力による事故で亡くなる。〔　〕

□ 18 ゴールを決めて喜色マン面だ。〔　〕

□ 19 立場を悪用して私利私ヨクに走る。［　　］

□ 20 政敵と手を結んだが同床異ムだ。［　　］

□ 21 容シ端麗な女優が主役を演じる。［　　］

□ 22 やけになって牛飲バ食する。［　　］

□ 23 急テン直下、騒動が落着した。［　　］

□ 24 起承テン結を考えて文章を練る。［　　］

□ 25 一意セン心、修行にはげむ。［　　］

□ 26 適ザイ適所の人事が功を奏した。［　　］

□ 27 小国が離合集サンを繰り返す。［　　］

□ 28 ついに青天ハク日の身となる。［　　］

□ 29 危キ一髪のところで助け出された。［　　］

□ 30 悪事千リを走る。［　　］

□ 31 専門家が集まってダン論風発する。［　　］

□ 32 芝居がロウ成円熟の域に達する。［　　］

標準解答

1 故《こ》事《じ》来《らい》歴《れき》

2 薄《はく》利《り》多《た》売《ばい》

3 五《ご》里《り》霧《む》中《ちゅう》

4 弱《じゃく》肉《にく》強《きょう》食《しょく》

5 奇《き》想《そう》天《てん》外《がい》

6 雲《うん》散《さん》霧《む》消《しょう》

7 用《よう》意《い》周《しゅう》到《とう》

8 因《いん》果《が》応《おう》報《ほう》

9 熟《じゅく》慮《りょ》断《だん》行《こう》

10 独《どく》断《だん》専《せん》行《こう》

11 玉《ぎょく》石《せき》混《こん》交《こう》

12 衆《しゅう》人《じん》環《かん》視《し》

13 意《い》志《し》薄《はく》弱《じゃく》

14 名《めい》実《じつ》一《いっ》体《たい》

15 面《めん》従《じゅう》腹《ふく》背《はい》

16 外《がい》交《こう》辞《じ》令《れい》

17 不《ふ》可《か》抗《こう》力《りょく》

18 喜《き》色《しょく》満《まん》面《めん》

19 私《し》利《り》私《し》欲《よく》

20 同《どう》床《しょう》異《い》夢《む》

21 容《よう》姿《し》端《たん》麗《れい》

22 牛《ぎゅう》飲《いん》馬《ば》食《しょく》

23 急《きゅう》転《てん》直《ちょっ》下《か》

24 起《き》承《しょう》転《てん》結《けつ》

25 一《いち》意《い》専《せん》心《しん》

26 適《てき》材《ざい》適《てき》所《しょ》

27 離《り》合《ごう》集《しゅう》散《さん》

28 青《せい》天《てん》白《はく》日《じつ》

29 危《き》機《き》一《いっ》髪《ぱつ》

30 悪《あく》事《じ》千《せん》里《り》

31 談《だん》論《ろん》風《ふう》発《はつ》

32 老《ろう》成《せい》円《えん》熟《じゅく》

点線で折り、解答を隠しても使えます！

2時間目

難易度Ⅱ

誤字訂正

目標時間 5分

あなたの学習の優先度は？

□A □B □C

使い方は20ページ

●次の各文に間違って使われている同じ読みの漢字が一字ある。上に誤字を、下に正しい漢字を記せ。

□ 1 幾多の試練に耐えて、ついに強豪が集まる大会を制して賞金を獲得した。 〔　〕→〔　〕

□ 2 動物の生態を昼夜を問わず観刷した結果、ぐう然にも新事実を発見した。 〔　〕→〔　〕

□ 3 各国の首脳は国際的な使野に立って深刻な環境問題の解決に注力した。 〔　〕→〔　〕

□ 4 係員の指持に従って広大な敷地をもつ製鉄所の主要な設備を見学する。 〔　〕→〔　〕

□ 5 飲酒運転の厳罰化や車両の安全性能の向上により交通事故は限少傾向だ。 〔　〕→〔　〕

□ 6 選手の健闘をたたえ関係者一同を紹待して優勝祝賀会が盛大に開かれた。 〔　〕→〔　〕

□ 7 突発事故にも前例にとらわれず技術担当の職員が機転を利かせて対所した。 〔　〕→〔　〕

□ 8 直射日光や高温を避けるために食品を冷暗所に補存して鮮度を維持する。 〔　〕→〔　〕

□ **9** 毒性の強い薬剤を適時散布して害虫を駆助し、作物の収かく量を増やした。　［　↓　］

□ **10** 抜本的な改革を断行したが性急に事を運んだため各所で困乱を来たした。　［　↓　］

□ **11** 政府は景気対策のための余算を編成し、経済の活性化を目標に置いた。　［　↓　］

□ **12** 一般家庭の食費を張査するため担当地区ごとに質問用紙を郵送した。　［　↓　］

□ **13** 地域住民の多様な要望や意見を集約した公園の整備計画を推信する。　［　↓　］

□ **14** 人口の増化と工業の発展により自然が破壊され環境問題が深刻な状況だ。　［　↓　］

標準解答

1 特↓得
2 刷↓察
3 使↓視
4 持↓示
5 限↓減
6 紹↓招
7 所↓処
8 補↓保
9 助↓除
10 困↓混
11 余↓予
12 張↓調
13 信↓進
14 化↓加

3 **視野《しや》**↓考えなどが及ぶ範囲。
7 **対処《たいしょ》**↓ある事柄に対して、適切に処置すること。
9 **駆除《くじょ》**↓害を追い払うこと。
13 **推進《すいしん》**↓前に進め、はかどらせること。

点線で折り、解答を隠しても使えます！

2時間目

難易度Ⅱ

書き取り①

目標時間 5分

あなたの学習の優先度は?
□A □B □C
使い方は20ページ

●次の――線のカタカナを漢字に直せ。

□ 1 キヌのハンカチで涙をぬぐう。

□ 2 テーブルにショッキを並べる。

□ 3 的をイた質問に感心する。

□ 4 文章の一部をショウリャクする。

□ 5 たくみなワジュツで客を引き込む。

□ 6 保守的な組織にカザアナを開ける。

□ 7 恩師の言葉をカタトキも忘れない。

□ 8 たるんだコンジョウをきたえ直す。

□ 9 落雷でテレビのエイゾウが乱れる。

□ 10 賞与がキンロウ意欲を刺激する。

□ 11 大衆を前にベンゼツを振るう。

□ 12 法律にソムく行いを非難する。

□ 13 表面をみがいてコウタクを出す。

□ 14 確定申告をしてノウゼイする。

□ 15 名画をモシャして腕をみがく。

□ 16 赤い毛糸でマフラーをアむ。

□ 17 これまでの不勉強をハじる。

□ 18 海の近くで民宿をイトナむ。

□ 19 チノみ子を保育園に預ける。

□ 20 幅広い書物を読んでシヤを広げる。

□ 21 天気が回復してサッソク出発した。

□ 22 宿泊の予約がキュウゾウした。

□ 23 不正を働いて信頼をウラギる。

□ 24 役場で総務をタントウする。

□ 25 事故の主なヨウインを調査する。

□ 26 冷蔵庫に入れて魚のセンドを保つ。

□ 27 ドレスのカタガミを取り寄せる。

□ 28 定年という人生のフシメを迎えた。

□ 29 長いイクサが終わり平和が訪れた。

□ 30 キチョウな体験を後世に語り継ぐ。

□ 31 旅先でテアツいもてなしを受ける。

□ 32 驚くべき大記録をジュリツした。

□ 33 自然カンキョウの保全を訴える。

□ 34 芽が出ない弟子をミカギる。

□ 35 ミガッテな行動が非難を浴びる。

□ 36 物価が上がり資産がメベりした。

標準解答

1 絹
2 食器
3 射
4 省略
5 話術
6 風穴
7 片時
8 根性
9 映像
10 勤労
11 弁舌
12 背
13 光沢
14 納税
15 模写
16 編
17 恥
18 営
19 乳飲
20 視野
21 早速
22 急増
23 裏切
24 担当
25 要因
26 鮮度
27 型紙
28 節目
29 戦
30 貴重
31 手厚
32 樹立
33 環境
34 見限
35 身勝手
36 目減

点線で折り、解答を隠しても使えます！

2時間目

難易度Ⅱ

書き取り②

目標時間 5分

あなたの学習の優先度は?
□A □B □C
使い方は20ページ

●次の――線のカタカナを漢字に直せ。

□ 1 動物実験で薬の効果をタメす。 〔　　〕
□ 2 ひいきのチームをオウエンする。 〔　　〕
□ 3 結婚式をオゴソかに執り行う。 〔　　〕
□ 4 有望な新入社員をイクセイする。 〔　　〕
□ 5 目立つ看板でケイカンを損なった。 〔　　〕
□ 6 道にソって桜の木が植えられる。 〔　　〕
□ 7 遠くの的に向かって矢をハナつ。 〔　　〕
□ 8 仲間同士でホンネをぶつけ合った。 〔　　〕
□ 9 新聞広告で商品をセンデンする。 〔　　〕
□ 10 チョウカンの記事をくまなく読む。 〔　　〕
□ 11 被害者の心中をスイサツする。 〔　　〕
□ 12 ぬれたタオルを日なたでカワかす。 〔　　〕
□ 13 宿願だった優勝がマサユメになる。 〔　　〕
□ 14 ハイイロの雪雲が広がる。 〔　　〕
□ 15 寝坊して会議にチコクする。 〔　　〕
□ 16 度重なる失敗をセめられた。 〔　　〕
□ 17 道が入り組んでメイロのようだ。 〔　　〕
□ 18 戦前のイッセンこう貨を集める。 〔　　〕
□ 19 文化のハッテンに役立てる。 〔　　〕
□ 20 フクザツな物理学の数式を解く。 〔　　〕

21 強い海風がフき付ける。

22 飼いネコが家から二げ出した。

23 チームセンゾクの医師をやとう。

24 外来種のゾウショクをはばむ。

25 両者のニンシキにずれがある。

26 シオドキを見計らって引退する。

27 神社のケイダイを散歩する。

28 後ろから名前をヨばれて振り返る。

29 入学前のマゴにランドセルを贈る。

30 白バイが走者をセンドウする。

31 台所のユカにコーヒーをこぼした。

32 シュリョク商品の販売が好調だ。

33 キクバりが行き届いた旅館だ。

34 各国をケイユしながら世界を回る。

35 決め手に欠け判断をホリュウした。

36 都会からイナカへ引っ越す。

標準解答

1 試
2 応援
3 厳
4 育成
5 景観
6 沿
7 放
8 本音
9 宣伝
10 朝刊
11 推察
12 乾
13 正夢
14 灰色
15 遅刻
16 責
17 迷路
18 一銭
19 発展
20 複雑
21 吹
22 逃
23 専属
24 増殖
25 認識
26 潮時
27 境内
28 呼
29 孫
30 先導
31 床
32 主力
33 気配
34 経由
35 保留
36 田舎

点線で折り、解答を隠しても使えます!

熟語の構成

熟語の意味がわからないときも、漢字一字ずつの意味と熟語の構成のしかたがどうなっているかがわかると、その熟語の大まかな意味も推測することができます。
熟語の構成の見分け方のコツをつかみましょう。

二字熟語の組み立て方には、主に5つのパターンがあります。

- **ア** 上の字と下の字が同じような意味
- **イ** 上の字と下の字の意味が反対または対になっている
- **ウ** 上の字が下の字を修飾（説明）している
- **エ** 下の字が上の字の目的語・補語になっている
- **オ** 上の字が下の字を打ち消している

見分け方のポイント

物の性質や動作、物の名をあらわす字を組み合わせたもの　アかイ

善良・清潔・建築・勤務・身体　など　同じような意味の組み合わせ
苦楽・正誤・進退・発着・父母　など　反対や対になる意味の組み合わせ

文に置き換えたらすんなり読めるもの　ウ

国営 ▶国が営む　「～が…する」（主語＋述語）の関係になるもの
強制 ▶強く制する　上の字が下の字を詳しく説明するもの

上の字と下の字を入れ替えて「を」や「に」を加えると文にできるもの　エ

加熱 ▶熱を加える
着席 ▶席に着く

上の字が打ち消しの字（不・無・未・非）　オ

不燃　無断　未然　非凡　など

curriculum

3時間目

難易度Ⅲ

3時間目は試験で200点中135点を目指すレベルです。
合格範囲内の140点まであと少しです。
気合いを入れてがんばりましょう。

3時間目

難易度Ⅲ

読み①

目標時間
3分

あなたの学習の優先度は?
□A □B □C
使い方は20ページ

●次の――線の漢字の読みをひらがなで記せ。

□ 1 工場のはい水が河川を汚濁する。［　］

□ 2 故郷の英雄としてたたえられる。［　］

□ 3 試合の序盤から大量得点を許した。［　］

□ 4 霧が出てきて視界が悪くなる。［　］

□ 5 世俗から離れて風雅に暮らす。［　］

□ 6 優勝候補と互角に渡り合う。［　］

□ 7 バイクの騒音で住民が迷惑する。［　］

□ 8 離島の岩穴で海鳥が繁殖する。［　］

□ 9 ごみの散乱はカラスの仕業だ。［　］

□ 10 数万人の観客が試合に熱狂する。［　］

□ 11 スープを薄味に仕上げる。［　］

□ 12 酸性雨が原因で金属が腐食する。［　］

□ 13 手腕を高く買われて転職する。［　］

□ 14 イチョウの大木に落雷した。［　］

□ 15 世渡り上手で財界の中で顔が広い。［　］

□ 16 マナーを守って行儀よく食べる。［　］

□ 17 説明を聞いたが釈然としない。［　］

□ 18 店内に突然警報が鳴り響いた。［　］

□ 19 不況で会社が**連鎖**的に倒産する。

□ 20 名人の**妙技**に感嘆の声を上げる。

□ 21 社会の**規範**に従って行動する。

□ 22 こぼれた**米粒**を拾い集める。

□ 23 不誠実な対応に**激怒**する。

□ 24 着物の背に**家紋**をあしらう。

□ 25 ベテラン医師が**執刀**する。

□ 26 会場から机といすを**搬出**する。

□ 27 会合でなごやかに**歓談**する。

□ 28 **闘志**をむき出しにして戦う。

□ 29 話し合いの末、両者は**矛**を収めた。

□ 30 **樹齢**千年の名木として知られる。

□ 31 古都で**史跡**巡りを楽しむ。

□ 32 図書館で借りた本を**返却**する。

標準解答

1 おだく
2 えいゆう
3 じょばん
4 きり
5 ふうが
6 ごかく
7 めいわく
8 はんしょく
9 しわざ
10 ねっきょう
11 うすあじ
12 ふしょく
13 しゅわん
14 らくらい
15 よわた
16 ぎょうぎ
17 しゃくぜん
18 ひび
19 れんさ
20 みょうぎ
21 きはん
22 こめつぶ
23 げきど
24 かもん
25 しっとう
26 はんしゅつ
27 かんだん
28 とうし
29 ほこ
30 じゅれい
31 しせき
32 へんきゃく

1 **汚濁**《おだく》↓汚れて、にごること。
5 **風雅**《ふうが》↓上品で趣のあること。
12 **腐食**《ふしょく》↓金属などの表面がさびて形がくずれること。
13 **手腕**《しゅわん》↓仕事をうまくやりとげる能力。
20 **妙技**《みょうぎ》↓非常に優れた技術。
27 **歓談**《かんだん》↓打ち解けて楽しく語らうこと。
31 **史跡**《しせき》↓歴史上の重要な出来事に関連した建物などの跡。

点線で折り、解答を隠しても使えます!

3時間目

難易度Ⅲ

読み②

目標時間 3分

あなたの学習の優先度は?
□A □B □C
使い方は20ページ

●次の――線の漢字の読みをひらがなで記せ。

□ 1 暴力行為を厳重に**処罰**する。
□ 2 熱が下がらず**市販**のかぜ薬を飲む。
□ 3 ユニークな**毒舌**で知られる芸人だ。
□ 4 思いも寄らない大魚が**網**にかかる。
□ 5 犯人の無線通信を**傍受**する。
□ 6 災害に**即応**できる態勢を整える。
□ 7 幼少期から**非凡**な才能を示す。
□ 8 海外旅行に**添乗**員が同行する。
□ 9 **鋭敏**な音楽的感覚の持ち主だ。
□ 10 長いこと**病床**についている。
□ 11 なべで**里芋**を甘からく煮る。
□ 12 危険を感じて**物陰**に身を隠す。
□ 13 仕事で**多忙**な毎日を送っている。
□ 14 希望通りの仕事に**就**いた。
□ 15 慣れた作業で**慢心**が生じる。
□ 16 負傷した選手の早期回復を**祈**る。
□ 17 無理難題を押しつけられ**当惑**する。
□ 18 敵の油断をついて**奇襲**をかける。

□ 19 二種類の金属を**溶接**する。「　」

□ 20 少年時代の**追憶**にふける。「　」

□ 21 国政選挙で**与党**が圧勝する。「　」

□ 22 卒業式で校歌を**吹奏**する。「　」

□ 23 過去の資料を**詳細**に調べる。「　」

□ 24 経費が増加して経営を**圧迫**する。「　」

□ 25 早起きして**身支度**を整える。「　」

□ 26 人がいやがる仕事を**率先**して行う。「　」

□ 27 初優勝して**強烈**な印象を残した。「　」

□ 28 検察官が容疑者を**起訴**する。「　」

□ 29 **耐熱**性の容器に移し替える。「　」

□ 30 大物歌手が音楽の**殿堂**で公演する。「　」

□ 31 **人為**的に雨を降らす実験をする。「　」

□ 32 大型客船で**大海原**を航海する。「　」

標準解答

1 しょばつ
2 しはん
3 どくぜつ
4 あみ
5 ぼうじゅ
6 そくおう
7 ひぼん
8 てんじょう
9 えいびん
10 びょうしょう
11 さといも
12 ものかげ
13 たぼう
14 つ
15 まんしん
16 いの
17 とうわく
18 きしゅう
19 ようせつ
20 ついおく
21 よとう
22 すいそう
23 しょうさい
24 あっぱく
25 みじたく
26 そっせん
27 きょうれつ
28 きそ
29 たいねつ
30 でんどう
31 じんい
32 うなばら

5 **傍受**《ぼうじゅ》→無線通信を、交信者以外の者が受信すること。

9 **鋭敏**《えいびん》→物事をとらえる心の働きが鋭いこと。

17 **当惑**《とうわく》→物事の処置をどうしてよいか決められずに苦しむこと。

18 **奇襲**《きしゅう》→不意をついて敵を襲うこと。

30 **殿堂**《でんどう》→ある分野の中心となる建物。

31 **人為**《じんい》→自然に、人間の力を加えること。

点線で折り、解答を隠しても使えます！

読み③

目標時間 3分

あなたの学習の優先度は?
□A □B □C
使い方は20ページ

●次の——線の漢字の読みをひらがなで記せ。

□ 1 名人の妙技に見物人が感嘆する。
□ 2 会議で反対派が多数を占めた。
□ 3 電話で上司の指示を仰いだ。
□ 4 工場が停止し商品の入荷が遅れる。
□ 5 内需が拡大して景気が回復する。
□ 6 売上が倍増して有頂天になる。
□ 7 切れ味が鈍くなった包丁を研ぐ。
□ 8 自動車の不正改造は違法だ。
□ 9 苦学生に援護の手を差しのべる。
□ 10 雪でおおわれた連峰を踏破する。
□ 11 虫の触角をじっくり観察する。
□ 12 添加物が入っていない食品を選ぶ。
□ 13 チームメイトと祝杯をあげる。
□ 14 地方巡業でファンと交流する。
□ 15 社会風刺の広告が反響を呼んだ。
□ 16 一進一退の激しい攻防が続く。
□ 17 珍獣の写真に目がくぎ付けになる。
□ 18 一流品と比べると見劣りする。

□ 19 普段より早めに**就寝**する。

□ 20 容姿**端麗**な女優が表紙を飾る。

□ 21 安全ピンで**腕章**をつける。

□ 22 **北緯**三十度付近を航行する。

□ 23 ツバメが**軒下**に巣を作る。

□ 24 社交界で**羽振**りをきかす。

□ 25 **幾**つもの山を越えて海に出た。

□ 26 優勝チームの主将が**胴上**げされる。

□ 27 **奇抜**な髪型で周囲を驚かす。

□ 28 今後の参考になる話を**伺**った。

□ 29 民衆が**沈黙**を破って立ち上がる。

□ 30 攻めてきた敵を残らず**撃退**する。

□ 31 **粒子**の細かい砂糖を振りかける。

□ 32 選手が**機敏**な動きで相手をかわす。

標準解答

1 かんたん
2 し
3 あお
4 にゅうか
5 ないじゅ
6 うちょうてん
7 にぶ
8 いほう
9 えんご
10 れんぽう
11 しょっかく
12 てんかぶつ
13 しゅくはい
14 じゅんぎょう
15 はんきょう
16 こうぼう
17 ちんじゅう
18 みおと
19 しゅうしん
20 たんれい
21 わんしょう
22 ほくい
23 のきした
24 はぶ
25 いく
26 どうあ
27 きばつ
28 うかが
29 ちんもく
30 げきたい
31 りゅうし
32 きびん

1 **感嘆《かんたん》**↓感心して、ほめること。
3 **仰《あお》ぐ**↓教えなどを願い求める。
14 **巡業《じゅんぎょう》**↓各地を回って興行すること。
20 **端麗《たんれい》**↓きちんと整って美しい様子。
24 **羽《は》振《ぶ》りをきかせる**↓地位や勢力を使って、思うように振る舞うこと。
28 **伺《うかが》う**↓目上の人などに話を聞く。
32 **機《き》敏《びん》**↓状況に応じて、すばやく行動すること。

点線で折り、解答を隠しても使えます!

3時間目

難易度Ⅲ

読み④

目標時間

3分

あなたの学習の優先度は？

□A □B □C

使い方は20ページ

●次の——線の漢字の読みをひらがなで記せ。

□ 1 入社以来めざましい躍進をする。

□ 2 ファッションの流行に鈍感だ。

□ 3 耐用年数を迎えた設備を修理する。

□ 4 駅に隣接するデパートに立ち寄る。

□ 5 他社の製品より品質が優越する。

□ 6 偉容を誇る寺院を訪れた。

□ 7 マラソンランナーが健脚を競う。

□ 8 交付金の使途を明らかにする。

□ 9 大雪で救助隊の到着が遅れる。

□ 10 老朽化した家屋を取り壊す。

□ 11 社会の荒波にもまれて成長する。

□ 12 軽率な行動が疑惑を招いた。

□ 13 実印に朱肉をつけて押印する。

□ 14 浴室の壁面に手すりを取り付ける。

□ 15 公共用地を違法に占拠する。

□ 16 具体的な内容への言及を避ける。

□ 17 母から毎月小遣いをもらう。

□ 18 多数の猛獣が密林に生息している。

□ 19 父のあとを継いで大名跡を**襲名**する。

□ 20 玄関先の床上に**敷物**を広げる。

□ 21 **威儀**を正して式典に参列する。

□ 22 空気のきれいな土地で**療養**する。

□ 23 マンホールから水が**噴出**する。

□ 24 学業が優秀な兄に**劣等**感を抱く。

□ 25 実績を**考慮**して予算を立てる。

□ 26 気品高い**雅楽**を鑑賞する。

□ 27 **盆地**に冷たい風が吹き下りる。

□ 28 車の往来が激しい**舗道**だ。

□ 29 **不況**が長引いて経営が苦しくなる。

□ 30 暖地で渡り鳥が**越冬**する。

□ 31 派手な**柄**のワンピースを着る。

□ 32 長年の夢がかない**感涙**にむせぶ。

標準解答

1 やくしん
2 どんかん
3 たいよう
4 りんせつ
5 ゆうえつ
6 いよう
7 けんきゃく
8 しと
9 とうちゃく
10 ろうきゅう
11 あらなみ
12 ぎわく
13 しゅにく
14 へきめん
15 せんきょ
16 げんきゅう
17 こづか
18 もうじゅう
19 しゅうめい
20 しきもの
21 いぎ
22 りょうよう
23 ふんしゅつ
24 れっとう
25 こうりょ
26 ががく
27 ぼんち
28 ほどう
29 ふきょう
30 えっとう
31 がら
32 かんるい

3 **耐用《たいよう》**→使用に耐えること。

6 **偉容《いよう》**→堂々とした立派な姿。

8 **使途《しと》**→金銭などの使い道。

19 **襲名《しゅうめい》**→親や師しょうの名前を受け継ぐこと。

21 **威儀《いぎ》を正《ただ》す**→作法にかなった重々しい態度をとる。

27 **盆地《ぼんち》**→四方を山地によって囲まれた平地。

32 **感涙《かんるい》**→深く心を動かされて流す涙。

点線で折り、解答を隠しても使えます!

同音・同訓異字①

目標時間
3分

あなたの学習の優先度は?
□A □B □C
使い方は20ページ

●次の――線のカタカナに当てはまる漢字をそれぞれのア～オから一つ選び、記号を記せ。

□ 1 昔を思い出して童ヨウを口ずさむ。［　］
□ 2 娘に日本舞ヨウを習わせる。［　］
□ 3 噴火した火口からヨウ岩が流れる。［　］
（ア容　イ溶　ウ踊　エ謡　オ幼）

□ 4 表情が苦ノウに満ちている。［　］
□ 5 各国の首ノウが極秘に会談する。［　］
□ 6 取引先に部品をノウ入する。［　］
（ア納　イ悩　ウ濃　エ能　オ脳）

□ 7 大劇場でギ曲を上演する。［　］
□ 8 茶道の流ギを弟子に指南する。［　］
□ 9 放火の容ギで警察に捕まる。［　］
（ア儀　イ戯　ウ義　エ疑　オ議）

□ 10 職場環境を見直し危険の芽をツむ。［　］
□ 11 敵の意表をツく作戦が成功した。［　］
□ 12 本番に備えて厳しい訓練をツむ。［　］
（ア突　イ詰　ウ尽　エ積　オ摘）

□13 エン側で中秋の名月をめでる。［　　］
□14 新聞社が競技大会を後エンする。［　　］
□15 火口から巨大な噴エンが上がる。［　　］

（ア延　イ煙　ウ援　エ縁　オ鉛）

□16 国家のフ沈にかかわる重大事だ。［　　］
□17 食品をフ敗させる微生物を調べる。［　　］
□18 不動産投資で資産をフやす。［　　］

（ア賦　イ普　ウ浮　エ腐　オ殖）

□19 熱心な姿勢に脱ボウする。［　　］
□20 脂ボウ分の多い食材をひかえる。［　　］
□21 入学早々、寝ボウして遅刻する。［　　］

（ア冒　イ坊　ウ帽　エ傍　オ肪）

□22 短時間に都心部で大雨がフる。［　　］
□23 天からフ与された芸才をみがく。［　　］
□24 新商品がまたたく間にフ及する。［　　］

（ア賦　イ降　ウ触　エ普　オ振）

標準解答

1 エ（謡）
2 ウ（踊）
3 イ（溶）
4 イ（悩）
5 オ（脳）
6 ア（納）

7 イ（戯）
8 ア（儀）
9 エ（疑）
10 オ（摘）
11 ア（突）
12 エ（積）

13 エ（縁）
14 ウ（援）
15 イ（煙）
16 ウ（浮）
17 エ（腐）
18 オ（殖）

19 ウ（帽）
20 オ（肪）
21 イ（坊）
22 イ（降）
23 ア（賦）
24 エ（普）

7 戯《ぎ》曲《きょく》→劇を上演するために書かれた台本。
16 浮《ふ》沈《ちん》→栄えることと、おとろえること。
18 殖《ふ》える→財産や生物などの数や量が多くなる。
23 賦《ふ》与《よ》→分け与えること。

点線で折り、解答を隠しても使えます！

同音・同訓異字②

目標時間
3分

あなたの学習の優先度は?
□A □B □C
使い方は20ページ

●次の――線のカタカナに当てはまる漢字をそれぞれのア～オから一つ選び、記号を記せ。

□ 1 休日に美術館で名画をカン賞する。
□ 2 辞典のカン修を引き受ける。
□ 3 住民に避難をカン告する。

（ア 勧　イ 歓　ウ 甘　エ 監　オ 鑑）

□ 4 家族全員で庭の雑草をカり取った。
□ 5 配慮にカける発言だったとわびる。
□ 6 自然豊かな公園の風景を絵にカく。

（ア 描　イ 駆　ウ 刈　エ 替　オ 欠）

□ 7 助走をつけてチョウ躍する。
□ 8 自治会費のチョウ収にあたる。
□ 9 駅前の道を拡チョウする。

（ア 徴　イ 跳　ウ 張　エ 頂　オ 潮）

□ 10 根キョのないデマに振り回される。
□ 11 事業に成功してキョ万の富を得る。
□ 12 最年少合格の快キョを成しとげた。

（ア 距　イ 許　ウ 拠　エ 巨　オ 挙）

□ 13 先輩に迷惑をかけてキョウ縮する。［　］

□ 14 支持政党の躍進にキョウ喜する。［　］

□ 15 会議室に音キョウ設備を導入する。［　］

（ア凶　イ響　ウ狂　エ叫　オ恐）

□ 16 被災地の復興にジン力する。［　］

□ 17 ジン常な手段では勝ち目がない。［　］

□ 18 自らジン頭に立って指示を出す。［　］

（ア臣　イ尋　ウ仁　エ尽　オ陣）

□ 19 上司にトラブルの経イを説明する。［　］

□ 20 データに作イの跡が見られる。［　］

□ 21 インフルエンザが猛イを振るう。［　］

（ア為　イ威　ウ緯　エ依　オ維）

□ 22 敬ショウを省略してけい載する。［　］

□ 23 事故のショウ報が入ってくる。［　］

□ 24 雑誌でショウ介された店を訪れる。［　］

（ア称　イ床　ウ詳　エ召　オ紹）

標準解答

1 オ（鑑）
2 エ（監）
3 ア（勧）
4 ウ（刈）
5 オ（欠）
6 ア（描）

7 イ（跳）
8 ア（徴）
9 ウ（張）
10 ウ（拠）
11 エ（巨）
12 オ（挙）

13 オ（恐）
14 ウ（狂）
15 イ（響）
16 エ（尽）
17 イ（尋）
18 オ（陣）

19 ウ（緯）
20 ア（為）
21 イ（威）
22 ア（称）
23 ウ（詳）
24 オ（紹）

3 勧告《かんこく》→説き勧めること。
8 徴収《ちょうしゅう》→税金などを取り立てること。
14 狂喜《きょうき》→非常に喜ぶこと。
17 尋常《じんじょう》→普通。当たり前。
18 陣頭《じんとう》→第一線、戦いの先頭。
21 猛威《もうい》→激しい勢い。
23 詳報《しょうほう》→詳しい知らせ。

点線で折り、解答を隠しても使えます!

3時間目

難易度Ⅲ

同音・同訓異字③

目標時間 3分

●次の――線のカタカナに当てはまる漢字をそれぞれのア〜オから一つ選び、記号を記せ。

□ **1** 一月に常会がショウ集された。 [　　]

□ **2** 芸事に不断のショウ進を重ねる。 [　　]

□ **3** 頼まれると断れないショウ分だ。 [　　]

（ア称　イ詳　ウ召　エ精　オ性）

□ **4** 兄はホウ丸投げの選手だ。 [　　]

□ **5** 一年のホウ負を述べる。 [　　]

□ **6** 主ホウを目指して山道を登る。 [　　]

（ア抱　イ砲　ウ訪　エ包　オ峰）

□ **7** このスープは少し味がコい。 [　　]

□ **8** ささいな出来事をコ張して話す。 [　　]

□ **9** 面接を前に胸のコ動が高まる。 [　　]

（ア誇　イ込　ウ鼓　エ濃　オ越）

□ **10** 豊かな自然の恩ケイに浴する。 [　　]

□ **11** 消費支出額が増加ケイ向にある。 [　　]

□ **12** 論理的にケイ統立てて説明する。 [　　]

（ア恵　イ継　ウ傾　エ系　オ敬）

13 スクリーンに画像を投エイする。
14 エイ利なナイフで手を切る。
15 経済大国となって国が繁エイする。
（ア衛　イ栄　ウ影　エ鋭　オ営）

16 神社で結婚式をトり行う。
17 親友に将来の不安をト露する。
18 ト航前に現地の状況を調べた。
（ア渡　イ執　ウ徒　エ吐　オ泊）

19 バスが住宅地をジュン回する。
20 説明の矛ジュン点を指摘する。
21 荒天により運動会をジュン延する。
（ア旬　イ準　ウ巡　エ盾　オ順）

22 厳正中立の立場をケン持する。
23 首都ケンに営業拠点を移す。
24 男女ケン用で使えるバッグだ。
（ア兼　イ圏　ウ遣　エ堅　オ軒）

標準解答

1 ウ（召）
2 エ（精）
3 オ（性）
4 イ（砲）
5 ア（抱）
6 オ（峰）

7 エ（濃）
8 ア（誇）
9 ウ（鼓）
10 ア（恵）
11 ウ（傾）
12 エ（系）

13 ウ（影）
14 エ（鋭）
15 イ（栄）
16 イ（執）
17 エ（吐）
18 ア（渡）

19 ウ（巡）
20 エ（盾）
21 オ（順）
22 エ（堅）
23 イ（圏）
24 ア（兼）

2 **精進**《しょうじん》→物事に向かって努力すること。
3 **性分**《しょうぶん》→生まれつきの性格。
6 **主峰**《しゅほう》→一つの山脈の中で最も主だった山。
13 **投影**《とうえい》→物の影を平面上に映すこと。
14 **鋭利**《えいり》→刃物《はもの》などが鋭く、よく切れること。
18 **渡航**《とこう》→船や航空機で外国へ行くこと。
22 **堅**《けん》**持**《じ》→考えを固く守って、だ協しないこと。

点線で折り、解答を隠しても使えます！

同音・同訓異字④

目標時間 3分

●次の――線のカタカナに当てはまる漢字をそれぞれのア～オから一つ選び、記号を記せ。

□ 1 後世に残る不キュウの名作だ。〔　〕
□ 2 海岸線にある砂キュウを歩く。〔　〕
□ 3 野党が首相を厳しく追キュウする。〔　〕
（ア究　イ丘　ウ旧　エ朽　オ及）

□ 4 年賀状で旧友に近キョウを伝える。〔　〕
□ 5 全国的なキョウ作に苦しむ。〔　〕
□ 6 恐怖のあまり絶キョウする。〔　〕
（ア凶　イ況　ウ恐　エ叫　オ狂）

□ 7 銀行で小切手を現金にカえる。〔　〕
□ 8 寸カをおしんで勉強する。〔　〕
□ 9 カれ葉がひらひらと舞い落ちた。〔　〕
（ア暇　イ刈　ウ替　エ駆　オ枯）

□ 10 同級生の活躍にショク発される。〔　〕
□ 11 服ショクデザイナーを目指す。〔　〕
□ 12 校庭に桜をショク樹する。〔　〕
（ア植　イ触　ウ職　エ殖　オ飾）

あなたの学習の優先度は？
□A □B □C
使い方は20ページ

□ 13 自然カン境の保護を訴える。［　　］
□ 14 運動で発カンしてのどがかわく。［　　］
□ 15 橋の欄カンから川をのぞきこむ。［　　］
（ア干　イ監　ウ汗　エ環　オ鑑）

□ 16 期待はずれでタン息をもらす。［　　］
□ 17 盆さいをタン精して育てる。［　　］
□ 18 塩分をおさえたタン泊な味付けだ。［　　］
（ア嘆　イ端　ウ担　エ丹　オ淡）

□ 19 文武両道の伝統を受けツぐ。［　　］
□ 20 大学を卒業して仕事にツいた。［　　］
□ 21 友人に洋菓子のツめ合わせを贈る。［　　］
（ア就　イ継　ウ詰　エ尽　オ摘）

□ 22 作業のト中で一休みする。［　　］
□ 23 一般市民に対して門戸をトざす。［　　］
□ 24 目標を持つことの大切さをトく。［　　］
（ア説　イ閉　ウ執　エ泊　オ途）

標準解答

1 エ（朽）
2 イ（丘）
3 オ（及）
4 イ（況）
5 ア（凶）
6 エ（叫）
7 ウ（替）
8 ア（暇）
9 オ（枯）
10 イ（触）
11 オ（飾）
12 ア（植）
13 エ（環）
14 ウ（汗）
15 ア（干）
16 ア（嘆）
17 エ（丹）
18 オ（淡）
19 イ（継）
20 ア（就）
21 ウ（詰）
22 オ（途）
23 イ（閉）
24 ア（説）

1 **不朽《ふきゅう》**→いつまでも、ほろびることがないこと。
8 **寸暇《すんか》**→自由に使えるわずかな時間。
15 **欄干《らんかん》**→橋などのへりに転落防止のために設けられているもの。
16 **嘆息《たんそく》**→嘆いてため息をつくこと。
17 **丹精《たんせい》**→心を込めて物事をすること。
18 **淡泊《たんぱく》**→こだわらず、さっぱりしていること。
24 **説《と》く**→物事の道理をわかりやすく話す。

点線で折り、解答を隠しても使えます！

漢字識別

●三つの□に共通する漢字を［　］の中から選んで熟語を作り、記号で記せ。

□ 1 礼□・□式・□礼 ［　］

□ 2 太□・□吹・□動 ［　］

□ 3 □道・□装・本□ ［　］

□ 4 不可□・□難・退□ ［　］

□ 5 序□・地□・□石 ［　］

ア 戒　イ 避　ウ 儀　エ 御　オ 秀
カ 盤　キ 舗　ク 鼓　ケ 透　コ 脚

□ 6 遊□・児□・□曲 ［　］

□ 7 □気・□号・激□ ［　］

□ 8 □額・□漢・□費 ［　］

□ 9 □国・□骨・連□ ［　］

□ 10 □致・□彩色・□端 ［　］

ア 耐　イ 鎖　ウ 極　エ 巨　オ 隣
カ 怒　キ 望　ク 噴　ケ 率　コ 戯

目標時間
4分

11 □拍子・□起・□撃 ［　］

12 送□・□撃・歓□ ［　］

13 □痛・撃□・□着 ［　］

14 条□・□目・事□ ［　］

ア 沈　イ 寝　ウ 獣　エ 度　オ 迎
カ 項　キ 突　ク 弟

15 富□・□遊・□快 ［　］

16 奇□・□案・珍□ ［　］

17 □本的・海□・奇□ ［　］

18 迎□・爆□・打□ ［　］

ア 効　イ 撃　ウ 産　エ 清　オ 抜
カ 妙　キ 況　ク 豪

標準解答

1 ウ（礼儀《れいぎ》・儀式《ぎしき》・儀礼《ぎれい》）
2 ク（太鼓《たいこ》・鼓吹《こすい》・鼓動《こどう》）
3 キ（舗道《ほどう》・舗装《ほそう》・本舗《ほんぽ》）
4 イ（不可避《ふかひ》・避難《ひなん》・退避《たいひ》）
5 カ（序盤《じょばん》・地盤《じばん》・盤石《ばんじゃく》）
6 コ（遊戯《ゆうぎ》・児戯《じぎ》・戯曲《ぎきょく》）
7 カ（怒気《どき》・怒号《どごう》・激怒《げきど》）
8 エ（巨額《きょがく》・巨漢《きょかん》・巨費《きょひ》）
9 イ（鎖国《さこく》・鎖骨《さこつ》・連鎖《れんさ》）
10 ウ（極致《きょくち》・極彩色《ごくさいしき》・極端《きょくたん》）
11 キ（突拍子《とっぴょうし》・突起《とっき》・突撃《とつげき》）
12 オ（送迎《そうげい》・迎撃《げいげき》・歓迎《かんげい》）
13 ア（沈痛《ちんつう》・撃沈《げきちん》・沈着《ちんちゃく》）
14 カ（条項《じょうこう》・項目《こうもく》・事項《じこう》）
15 ク（富豪《ふごう》・豪遊《ごうゆう》・豪快《ごうかい》）
16 カ（奇妙《きみょう》・妙案《みょうあん》・珍妙《ちんみょう》）
17 オ（抜本的《ばっぽんてき》・海抜《かいばつ》・奇抜《きばつ》）
18 イ（迎撃《げいげき》・爆撃《ばくげき》・打撃《だげき》）

点線で折り、解答を隠しても使えます!

3時間目

難易度Ⅲ

熟語の構成

目標時間
4分

あなたの学習の優先度は?
□A □B □C
使い方は20ページ

●熟語の構成には、次のようなものがある。

ア 同じような意味の字を重ねたもの(例 岩石)
イ 反対または対応の意味を表す字を重ねたもの(例 高低)
ウ 上の字が下の字を修飾しているもの(例 洋画)
エ 下の字が上の字の目的語・補語になっているもの(例 着席)
オ 上の字が下の字の意味を打ち消しているもの(例 非常)

●次の熟語は右のア～オのどれに当たるか、一つ選んで記号を記せ。

□ 1 退陣〔　　〕
□ 2 興亡〔　　〕
□ 3 白髪〔　　〕
□ 4 需給〔　　〕
□ 5 弾力〔　　〕
□ 6 収支〔　　〕
□ 7 未踏〔　　〕
□ 8 不順〔　　〕
□ 9 離陸〔　　〕
□ 10 平凡〔　　〕
□ 11 師弟〔　　〕
□ 12 越権〔　　〕

□ 13 避暑〔　　〕

□ 14 増殖〔　　〕

□ 15 雌雄〔　　〕

□ 16 珍事〔　　〕

□ 17 陰陽〔　　〕

□ 18 攻防〔　　〕

□ 19 遅速〔　　〕

□ 20 更衣〔　　〕

□ 21 出荷〔　　〕

□ 22 鬼才〔　　〕

□ 23 油脂〔　　〕

□ 24 違反〔　　〕

□ 25 脱帽〔　　〕

□ 26 光輝〔　　〕

□ 27 優秀〔　　〕

□ 28 是非〔　　〕

標準解答

1 エ「退ける←陣営を」の意
2 イ「興る」↔「ほろびる（亡）」
3 ウ「白い→髪」の意
4 イ「需要」↔「供給」
5 ウ「弾む→力」の意
6 イ「収入」↔「支出」
7 オ まだ踏み入れていないこと
8 オ 順調ではないこと
9 エ「離れる←陸を」の意
10 ア 平も凡も「普通な」の意

11 イ「師」↔「弟子」
12 エ「越える←権限を」の意
13 エ「避ける←暑さを」の意
14 ア 増も殖も「ふえる」の意
15 イ「めす（雌）」↔「おす（雄）」
16 ウ「珍しい→出来事」の意
17 イ「ひかげ（陰）」↔「ひなた（陽）」
18 イ「攻める」↔「防ぐ」
19 イ「遅い」↔「速い」
20 エ「変更する←衣を」の意

21 エ「出す←荷物を」の意
22 ウ「鬼のような（人間離れした）→才能」の意
23 ア 油も脂も「あぶら」の意
24 ア 違も反も「そむく」の意
25 エ「脱ぐ←帽子を」の意
26 ア 光も輝も「かがやく」の意
27 ア 優も秀も「すぐれる」の意
28 イ「よい（是）」↔「わるい（非）」

点線で折り、解答を隠しても使えます！

3時間目

難易度Ⅲ

部首

目標時間 3分

あなたの学習の優先度は?

□A □B □C

使い方は20ページ

●次の漢字の部首をア〜エから一つ選び、記号を記せ。

□ 1 翌（ア 二 イ 羽 ウ 立 エ 亠）［　］

□ 2 蚕（ア 二 イ 人 ウ 虫 エ 大）［　］

□ 3 鬼（ア 厶 イ 田 ウ 儿 エ 鬼）［　］

□ 4 劇（ア 刂 イ 豕 ウ 虍 エ 厂）［　］

□ 5 露（ア ⻗ イ 夂 ウ ⻊ エ 口）［　］

□ 6 輩（ア 車 イ 日 ウ 非 エ 一）［　］

□ 7 欲（ア 谷 イ 欠 ウ 人 エ 口）［　］

□ 8 剤（ア 文 イ 亠 ウ 斉 エ 刂）［　］

□ 9 更（ア 人 イ 一 ウ 日 エ 大）［　］

□ 10 蓄（ア 田 イ 亠 ウ 幺 エ 艹）［　］

□ 11 瞬（ア 冖 イ 爫 ウ 舛 エ 目）［　］

□ 12 委（ア 一 イ 禾 ウ 木 エ 女）［　］

□ 13 疑（ア 矢　イ 匕　ウ 人　エ 疋）［　　］

□ 14 衛（ア 行　イ 亻　ウ 彳　エ 口）［　　］

□ 15 隣（ア 阝　イ 米　ウ 夕　エ 舛）［　　］

□ 16 趣（ア 土　イ 走　ウ 耳　エ 又）［　　］

□ 17 術（ア 彳　イ 行　ウ ⺌　エ 十）［　　］

□ 18 街（ア 行　イ 彳　ウ 土　エ 亅）［　　］

□ 19 突（ア 大　イ 八　ウ 穴　エ 宀）［　　］

□ 20 舞（ア 夕　イ ノ　ウ 舛　エ 二）［　　］

□ 21 般（ア 几　イ 舟　ウ 殳　エ 又）［　　］

□ 22 票（ア ⺌　イ 覀　ウ 二　エ 示）［　　］

標準解答

1 イ 羽（はね）
2 ウ 虫（むし）
3 エ 鬼（おに）
4 ア 刂（りっとう）
5 ア ⻗（あめかんむり）
6 ア 車（くるま）

7 イ 欠（あくび）
8 エ 刂（りっとう）
9 ウ 曰（ひらび）
10 エ 艹（くさかんむり）
11 エ 目（めへん）
12 エ 女（おんな）

13 エ 疋（ひき）
14 ア 行（ぎょうがまえ）
15 ア 阝（こざとへん）
16 イ 走（そうにょう）
17 イ 行（ぎょうがまえ）

18 ア 行（ぎょうがまえ）
19 ウ 穴（あなかんむり）
20 ウ 舛（まいあし）
21 イ 舟（ふねへん）
22 エ 示（しめす）

点線で折り、解答を隠しても使えます！

3時間目

難易度Ⅲ

対義語・類義語

目標時間 6分

あなたの学習の優先度は？
□A □B □C
使い方は20ページ

●次の□の中の語を一度だけ使って漢字に直し、対義語・類義語を記せ。

対義語

□ 1 需要―□給

□ 2 歓声―悲□

□ 3 深夜―□昼

□ 4 厳寒―猛□

類義語

□ 5 最初―冒□

□ 6 長者―□豪

□ 7 即刻―□速

□ 8 地道―堅□

きょう・さっ・じつ・しょ・とう・はく・ふ・めい

対義語

□ 9 短縮―□長

□ 10 中断―□続

□ 11 反抗―服□

□ 12 建設―□壊

類義語

□ 13 閉口―□惑

□ 14 無視―黙□

□ 15 憶測―□量

□ 16 不意―突□

えん・けい・こん・さつ・じゅう・すい・ぜん・は

□ 17 不和―円□
□ 18 親切―□淡
□ 19 脱退―加□
□ 20 慎重―□率

□ 21 土台―□盤
□ 22 脈絡―□道
□ 23 介抱―□護
□ 24 運搬―□送

かん・き・けい・すじ・まん・めい・ゆ・れい

□ 25 一致―□違
□ 26 警戒―□断
□ 27 単純―□雑
□ 28 老齢―□年

□ 29 提防―□手
□ 30 熱狂―興□
□ 31 修理―□修
□ 32 大樹―□木

きょ・そう・ど・ふく・ふん・ほ・ゆ・よう

標準解答

1 供給《きょうきゅう》
2 悲鳴《ひめい》
3 白昼《はくちゅう》
4 猛暑《もうしょ》
5 冒頭《ぼうとう》
6 富豪《ふごう》
7 早速《さっそく》
8 堅実《けんじつ》

---

9 延長《えんちょう》
10 継続《けいぞく》
11 服従《ふくじゅう》
12 破壊《はかい》
13 困惑《こんわく》
14 黙殺《もくさつ》
15 推量《すいりょう》
16 突然《とつぜん》

---

17 円満《えんまん》
18 冷淡《れいたん》
19 加盟《かめい》
20 軽率《けいそつ》
21 基盤《きばん》
22 筋道《すじみち》
23 看護《かんご》
24 輸送《ゆそう》

---

25 相違《そうい》
26 油断《ゆだん》
27 複雑《ふくざつ》
28 幼年《ようねん》
29 土手《どて》
30 興奮《こうふん》
31 補修《ほしゅう》
32 巨木《きょぼく》

点線で折り、解答を隠しても使えます!

3時間目

難易度Ⅲ

漢字と送りがな

目標時間
4分

あなたの学習の優先度は？
□A □B □C
使い方は20ページ

●次の――線のカタカナを漢字一字と送りがな（ひらがな）で記せ。

□ 1 今のところ人手はタリテいる。

□ 2 アラタナ事実が明らかになった。

□ 3 政府の方針にシタガッて実行する。

□ 4 バラのとげが指にササル。

□ 5 紅葉がきれいな名勝をオトズレる。

□ 6 放置された食品にかびがハエル。

□ 7 帰省の車がツラナッている。

□ 8 事業に成功して富をキズイた。

□ 9 大雨の影響が広範囲にオヨブ。

□ 10 圧力に屈服して信念をマゲル。

□ 11 学者により主張が大きくコトナル。

□ 12 強気な父がメズラシク弱音を吐く。

□ 13 会話しながら相手の真意をサグル。

□ 14 初夏のココロヨイ風が通り抜ける。

□ 15 野菜には豊富な栄養がフクマれる。

□ 16 シタシイ友と二泊三日の旅に出る。

□ 17 書き順を辞書でタシカメル。

□ 18 花をカラサないように水をやる。

19 水産加工業がサカンナ港町だ。

20 後輩を信頼して仕事をマカセル。

21 電車の中に雨がさをワスレる。

22 不用意な発言が誤解をマネイた。

23 主将がチームを勝利にミチビク。

24 力作の油絵が金賞にカガヤイた。

25 法にフレル行為をやめさせる。

26 科学の発展を支えたエライ学者だ。

27 熱いスープをサマシて飲む。

28 小舟からつり糸をタレル。

29 結婚してすぐに子供をサズカル。

30 圧倒的な差で対戦相手をマカシた。

31 不況で事業の存続がアヤブマれる。

32 列車の到着が予定時刻をスギル。

標準解答

1 足りて
2 新たな
3 従っ
4 刺さる
5 訪れ
6 生える
7 連なっ
8 築い
9 及ぶ
10 曲げる
11 異なる
12 珍しく
13 探る
14 快い
15 含ま
16 親しい
17 確かめる
18 枯らさ
19 盛んな
20 任せる
21 忘れ
22 招い
23 導く
24 輝い
25 触れる
26 偉い
27 冷まし
28 垂れる
29 授かる
30 負かし
31 危ぶま
32 過ぎる

点線で折り、解答を隠しても使えます!

3時間目

難易度Ⅲ

四字熟語

目標時間 5分

あなたの学習の優先度は?
□A □B □C
使い方は20ページ

●次の——線のカタカナを漢字で記せ。

□ 1 金ジョウ鉄壁の守りで勝利した。
□ 2 思わぬ大敗に意気ショウ沈する。
□ 3 先人の遺訓をキン科玉条とする。
□ 4 旧タイ依然の制度を改革する。
□ 5 心キ一転して事業を再開する。
□ 6 騒動が収まって一件ラク着した。
□ 7 是ヒ善悪を心得て行動する。
□ 8 逆境ながら現ジョウ維持に努める。
□ 9 一チ団結して難局に立ち向かう。
□ 10 対案は同エイ曲で目新しさがない。
□ 11 この仏像は完全無ケツの美しさだ。
□ 12 もめ事を一トウ両断に解決する。
□ 13 舌先三ズンでたらし込まれた。
□ 14 ウ為転変の世の中を生き抜く。
□ 15 ソッ先垂範して校内をそうじする。
□ 16 皆が異ク同音に反対の声を上げた。
□ 17 大臣の漫言ホウ語に批判が集まる。
□ 18 胃に激痛が走り七テン八倒した。

□ 19 会社の人事はシン賞必罰でのぞむ。

□ 20 深山の中でセイ風明月を楽しむ。

□ 21 意志堅ゴに初志をつらぬく。

□ 22 品コウ方正な青年に好感を抱く。

□ 23 山紫水メイの地で余生を楽しむ。

□ 24 三カン四温を繰り返し春が訪れる。

□ 25 国境をはさみ一触即ハツの状態だ。

□ 26 経済がアン雲低迷の状態にある。

□ 27 大義名ブンをかかげて団結する。

□ 28 新進気エイの画家が注目を浴びる。

□ 29 ホン末転倒もはなはだしい。

□ 30 無ミ乾燥な話を聞いて眠くなる。

□ 31 根拠がない話を半信半ギで聞く。

□ 32 質問に当意即ミョウに答える。

標準解答

1 金城鉄壁《きんじょうてっぺき》

2 意気消沈《いきしょうちん》

3 金科玉条《きんかぎょくじょう》

4 旧態依然《きゅうたいいぜん》

5 心機一転《しんきいってん》

6 一件落着《いっけんらくちゃく》

7 是非善悪《ぜひぜんあく》

8 現状維持《げんじょういじ》

9 一致団結《いっちだんけつ》

10 同工異曲《どうこういきょく》

11 完全無欠《かんぜんむけつ》

12 一刀両断《いっとうりょうだん》

13 舌先三寸《したさきさんずん》

14 有為転変《ういてんぺん》

15 率先垂範《そっせんすいはん》

16 異口同音《いくどうおん》

17 漫言放語《まんげんほうご》

18 七転八倒《しちてんばっとう》

19 信賞必罰《しんしょうひつばつ》

20 清風明月《せいふうめいげつ》

21 意志堅固《いしけんご》

22 品行方正《ひんこうほうせい》

23 山紫水明《さんしすいめい》

24 三寒四温《さんかんしおん》

25 一触即発《いっしょくそくはつ》

26 暗雲低迷《あんうんていめい》

27 大義名分《たいぎめいぶん》

28 新進気鋭《しんしんきえい》

29 本末転倒《ほんまつてんとう》

30 無味乾燥《むみかんそう》

31 半信半疑《はんしんはんぎ》

32 当意即妙《とういそくみょう》

点線で折り、解答を隠しても使えます！

難易度Ⅲ

誤字訂正

あなたの学習の優先度は？

□A □B □C

使い方は20ページ

●次の各文に間違って使われている同じ読みの漢字が一字ある。上に誤字を、下に正しい漢字を記せ。

□ 1 洗練された脚本と新進の女優の心にくい演技で満員の勧客をうならせた。［　↓　］

□ 2 長い闘病生活を乗り越えて戦列に副帰し、期待を上回る活躍をした。［　↓　］

□ 3 暴風雨により河川の水位が増して堤坊が決壊する可能性がでてきた。［　↓　］

□ 4 試験会場に到着した受験生は巡次着席するように係員から指示される。［　↓　］

□ 5 趣向をこらした創作料理が評番を呼び、客が長い列を作る盛況ぶりだ。［　↓　］

□ 6 前途有望な新人を厳しく指動したことが功を奏して早くも頭角を現した。［　↓　］

□ 7 長い歳月をかけて改発した新薬で多くの難病かん者の命が救われた。［　↓　］

□ 8 昨年と非較して客足は増えたが、高価な商品の売れ行きが鈍かった。［　↓　］

□ 9 追突事故の原因を探るために本確的な調査に乗り出したが難航している。［　→　］

□ 10 近隣住民が地域の避難訓練に賛加して万が一の時の対応を確認した。［　→　］

□ 11 政府は自国の農業を保護するため乳製品の輸入を制厳する対策を講じた。［　→　］

□ 12 地方に出向いて優秀な人財を発掘して会社の即戦力として重用した。［　→　］

□ 13 水族館で希少な生物を慎重に仕育した結果、世界初の繁殖に成功した。［　→　］

□ 14 国は従頼の方針を改めて工事の規模を縮小して生態系の保全を進めた。［　→　］

標準解答

1 勧→観
2 副→復
3 坊→防
4 巡→順
5 番→判
6 動→導
7 改→開
8 非→比
9 確→格
10 賛→参
11 厳→限
12 財→材
13 仕→飼
14 頼→来

3 堤《てい》防《ぼう》→海岸や河岸に築く堤や土手。
4 順《じゅん》次《じ》→順序を追ってだんだんと。
14 従《じゅう》来《らい》→以前から今まで。

点線で折り、解答を隠しても使えます！

3時間目

難易度Ⅲ

書き取り

あなたの学習の優先度は？
□A □B □C
使い方は20ページ

●次の——線のカタカナを漢字に直せ。

□ 1 一日一時間テイド読書をする。
□ 2 動物保護のショメイを集める。
□ 3 ネフダの価格からさらに割り引く。
□ 4 ユウシュウな成績を残す。
□ 5 キワめて難しい判断を迫られる。
□ 6 きれいなウツワに料理を盛る。
□ 7 火をカゲンしながら魚を煮る。
□ 8 カイコのまゆから糸をつむぐ。
□ 9 長い文章を半分にアッシュクする。
□ 10 ガラスについたスイテキを落とす。
□ 11 家で待つ家族にミヤゲを買う。
□ 12 近くで見ると他人のソラニだった。
□ 13 カミツなダイヤで運行している。
□ 14 問題解決にチエをしぼる。
□ 15 テシオにかけて弟子を育成する。
□ 16 初めて訪れる場所で道にマヨう。
□ 17 立っているだけでアセばむ陽気だ。
□ 18 重い荷物をセオって坂を登る。
□ 19 子供の病気が回復してヨロコんだ。
□ 20 イチョウナミキを散策する。

□ 21 主治医がガイハクを許可する。

□ 22 歴代でモットも若い総理大臣だ。

□ 23 旅先のホテルをヨヤクする。

□ 24 研究者の論文をヒヒョウする。

□ 25 若くして社長にシュウニンする。

□ 26 環境の変化にうまくテキオウする。

□ 27 仕事のリョウイキを広げる。

□ 28 ケワしい山道を踏破し頂上に立つ。

□ 29 季節の変わり目でフルキズが痛む。

□ 30 すずしげなフクソウに替える。

□ 31 キョジュウ地を田舎に移す。

□ 32 環境保護活動をスイシンする。

□ 33 報道で事件がオオヤケになった。

□ 34 正月もツウジョウの営業時間だ。

□ 35 カンラン車に乗って遠くを見渡す。

□ 36 仕事を辞めて育児にセンネンする。

標準解答

1 程度
2 署名
3 値札
4 優秀
5 極
6 器
7 加減
8 蚕
9 圧縮
10 水滴
11 土産
12 空似
13 過密
14 知恵
15 手塩
16 迷
17 汗
18 背負
19 喜
20 並木
21 外泊
22 最
23 予約
24 批評
25 就任
26 適応
27 領域
28 険
29 古傷
30 服装
31 居住
32 推進
33 公
34 通常
35 観覧
36 専念

点線で折り、解答を隠しても使えます！

特別な読み方

　漢字の訓読みには、特殊な読み方をするものがあります。たとえば「雪」一字の訓読みは「ゆき」ですが、「吹雪」と書くと「ふぶき」、「雪崩」と書くと「なだれ」と読みます。このように、中学までに習う特殊な訓読み（熟字訓・当て字）の語を下記にまとめました。確実に読めるようにしておきましょう。

- 小豆（あずき）
- 硫黄（いおう）
- 意気地（いくじ）
- 田舎（いなか）
- 海原（うなばら）
- 乳母（うば）
- 浮つく（うわつく）
- 笑顔（えがお）
- 叔父・伯父（おじ）
- 乙女（おとめ）
- 叔母・伯母（おば）
- お巡りさん（おまわりさん）
- 鍛冶（かじ）
- 風邪（かぜ）
- 固唾（かたず）
- 仮名（かな）
- 為替（かわせ）
- 心地（ここち）

- 早乙女（さおとめ）
- 差し支える（さしつかえる）
- 五月（さつき）
- 早苗（さなえ）
- 五月雨（さみだれ）
- 時雨（しぐれ）
- 尻尾（しっぽ）
- 竹刀（しない）
- 老舗（しにせ）
- 芝生（しばふ）
- 三味線（しゃみせん）
- 砂利（じゃり）
- 白髪（しらが）
- 相撲（すもう）
- 草履（ぞうり）
- 太刀（たち）
- 立ち退く（たちのく）
- 足袋（たび）

- 梅雨（つゆ）
- 凸凹（でこぼこ）
- 名残（なごり）
- 雪崩（なだれ）
- 二十・二十歳（はたち）
- 波止場（はとば）
- 日和（ひより）
- 吹雪（ふぶき）
- 土産（みやげ）
- 息子（むすこ）
- 紅葉（もみじ）
- 木綿（もめん）
- 最寄り（もより）
- 大和（やまと）
- 弥生（やよい）
- 行方（ゆくえ）
- 若人（わこうど）

curriculum

4時間目

難易度Ⅳ

いよいよ合格圏内の155点を目指すレベルです。
ここで正答率が高ければ、かなり合格に
近づいたと言えます。

4時間目

難易度Ⅳ

読み①

目標時間
3分

あなたの学習の優先度は?
□A □B □C
使い方は20ページ

●次の——線の漢字の読みをひらがなで記せ。

□ 1 従業員が増えて店が**手狭**になる。

□ 2 台風が近づき**更**に風が強くなる。

□ 3 長老が**隠然**たる影響力を及ぼす。

□ 4 **筋違**いの要求をはねのける。

□ 5 国内**屈指**の絶景ポイントだ。

□ 6 試合開始前に**円陣**を組む。

□ 7 同居する祖父を**介護**する。

□ 8 情報がなく不安が**増幅**する。

□ 9 **微力**ながら他人の役に立ちたい。

□ 10 非営利団体の活動**拠点**を設置する。

□ 11 サッカーチームが海外に**遠征**する。

□ 12 念願の留学が決まって**本望**だ。

□ 13 美術館に絵画を**搬入**する。

□ 14 地震で石仏が**跡形**もなくくずれた。

□ 15 春節は**旧暦**の正月にあたる。

□ 16 経営者の言葉に**刺激**を受ける。

□ 17 畳の上に布団を**敷**いて寝る。

□ 18 勝利への**執念**を燃やし続ける。

19 沼を**干拓**する工事が進んでいる。

20 疑いが晴れて**名誉**を回復する。

21 **端整**で品のある顔立ちをしている。

22 山間部が**豪雨**に見舞われる。

23 小さな政党が**離合**を繰り返す。

24 **淡水**に生息するフナを捕まえる。

25 アゲハチョウが花畑で**乱舞**する。

26 証人を**尋問**して真実を突き止める。

27 **柔和**な表情をした仏像だ。

28 虫害で桜の木が**枯死**する。

29 **光輝**ある伝統を守りぬく。

30 遊び相手がいなくて**退屈**する。

31 試合の**終盤**に逆転を許した。

32 不正が横行していて**嘆**かわしい。

標準解答

1 てぜま
2 さら
3 いんぜん
4 すじちが
5 くっし
6 えんじん
7 かいご
8 ぞうふく
9 びりょく
10 きょてん
11 えんせい
12 ほんもう
13 はんにゅう
14 あとかた
15 きゅうれき
16 しげき
17 し
18 しゅうねん
19 かんたく
20 めいよ
21 たんせい
22 ごうう
23 りごう
24 たんすい
25 らんぶ
26 じんもん
27 にゅうわ
28 こし
29 こうき
30 たいくつ
31 しゅうばん
32 なげ

3 **隠然**《いんぜん》→表には出てこないが、隠れた勢いや力を持っていること。
6 **円陣**《えんじん》→人が円形に並ぶこと。
12 **本望**《ほんもう》→希望をかなえて満足であること。
15 **旧暦**《きゅうれき》→古い暦で、太陰太陽暦。
19 **干拓**《かんたく》→湖沼や海岸などを堤防で囲み、はい水して陸地にすること。
27 **柔和**《にゅうわ》→性質がおだやかなこと。
29 **光輝**《こうき》→名誉。ほまれ。

点線で折り、解答を隠しても使えます!

4時間目

難易度Ⅳ

読み②

目標時間 3分

あなたの学習の優先度は?

□A □B □C

使い方は20ページ

●次の――線の漢字の読みをひらがなで記せ。

□ 1 堅実な仕事ぶりが評価される。［　］

□ 2 主人公の心理をたくみに描写する。［　］

□ 3 親友の訪問を心から歓迎する。［　］

□ 4 思慮に欠ける発言を謝罪する。［　］

□ 5 試験に備えて四字熟語を記憶する。［　］

□ 6 提出された草案を大筋で是認する。［　］

□ 7 地元の祭りで踊りを見せる。［　］

□ 8 地方に伝わる民謡を歌う。［　］

□ 9 留学して幅広い教養を身につける。［　］

□ 10 学校の校舎を耐震補強する。［　］

□ 11 派手なネオンが風致を害する。［　］

□ 12 たつ巻で多くの建物が壊れた。［　］

□ 13 大学教授が社長を兼任する。［　］

□ 14 来月中旬に運動会が行われる。［　］

□ 15 落選の知らせを聞き吐息をもらす。［　］

□ 16 鮮やかな職人技に思わず見とれた。［　］

□ 17 友人の開業資金を援助する。［　］

□ 18 万葉の秀歌に親しむ。［　］

□ 19 奇妙な事件が相次いで起こる。［　　］

□ 20 個人の事情は別途考慮する。［　　］

□ 21 くやしさのあまり思わず落涙する。［　　］

□ 22 試験の出題範囲を指定する。［　　］

□ 23 健康のために玄米を食べる。［　　］

□ 24 逃走していた犯人を捕まえる。［　　］

□ 25 あわや大惨事になるところだった。［　　］

□ 26 散髪をして気分が一新する。［　　］

□ 27 劣勢をはね返して勝利した。［　　］

□ 28 休眠していた火山が突然噴火した。［　　］

□ 29 四番が豪快なホームランを放つ。［　　］

□ 30 道端の草花に季節を感じる。［　　］

□ 31 景気回復の徴候が見られない。［　　］

□ 32 恒久の平和を心から祈念する。［　　］

標準解答

1 けんじつ
2 びょうしゃ
3 かんげい
4 しりょ
5 きおく
6 ぜにん
7 おど
8 みんよう
9 はばひろ
10 たいしん
11 ふうち
12 こわ
13 けんにん
14 ちゅうじゅん
15 といき
16 あざ
17 えんじょ
18 しゅうか
19 きみょう
20 べっと
21 らくるい
22 はんい
23 げんまい
24 とうそう
25 さんじ
26 さんぱつ
27 れっせい
28 きゅうみん
29 ごうかい
30 みちばた
31 ちょうこう
32 こうきゅう

1 堅実《けんじつ》→しっかりしていて、確かなこと。
6 是認《ぜにん》→良いと認めること。
8 民謡《みんよう》→古くから民間に伝わる地域性のある歌謡。
11 風致《ふうち》→自然の味わい。
21 落涙《らくるい》→涙を流すこと。
25 惨事《さんじ》→痛ましい出来事。
31 徴候《ちょうこう》→物事が起こるきざし。「兆候」とも書く。

点線で折り、解答を隠しても使えます！

読み③

目標時間
3分

●次の――線の漢字の読みをひらがなで記せ。

□ 1 **峰**から冷たい北風が吹き下ろす。

□ 2 交差点で車が**鋭角**に曲がる。

□ 3 他人の言動に**過敏**に反応する。

□ 4 子供のために**甘口**のカレーを作る。

□ 5 **周到**な計画を立てて実行する。

□ 6 仕事中の私語は**慎**むべきだ。

□ 7 権力者に**迎合**して意見を変える。

□ 8 会社が資金調達に**苦慮**する。

□ 9 **多彩**な顔ぶれが出そろった。

□ 10 眠る時間をけずり**猛烈**に勉強する。

□ 11 幼少期のことを**鮮明**に覚えている。

□ 12 物価がうなぎ上りで**騒動**が起きる。

□ 13 試験に合格して単位が**認定**された。

□ 14 優秀な生徒に賞状が**授与**された。

□ 15 **本腰**を入れて受験勉強をする。

□ 16 電話の着信音が**静寂**を破る。

□ 17 会見の場に**怒号**が飛び交う。

□ 18 教科書をくまなく**黙読**する。

あなたの学習の
優先度は?
□A □B □C
使い方は20ページ

19 消費がのび悩み景気が**低迷**する。

20 大国が強大な武力を**誇示**する。

21 実際の話を多少**脚色**して語る。

22 肉親を亡くし**悲嘆**に暮れる。

23 何をすべきか**皆目**見当がつかない。

24 思い出のある自宅を**売却**する。

25 健康しん断で**胴回**りを測る。

26 議員に対する批判の**矛先**が鈍る。

27 難局を打開する**妙案**を思いつく。

28 著作権者から**転載**の許可を得る。

29 突然の腹痛で**脂汗**を流す。

30 箱を開けずに中身を**透視**する。

31 世界中で**高齢**化が進んでいる。

32 法律に**準拠**した内容に書きかえる。

標準解答

1 みね
2 えいかく
3 かびん
4 あまくち
5 しゅうとう
6 つつし
7 げいごう
8 くりょ
9 たさい
10 もうれつ
11 せんめい
12 そうどう
13 にんてい
14 じゅよ
15 ほんごし
16 せいじゃく
17 どごう
18 もくどく
19 ていめい
20 こじ
21 きゃくしょく
22 ひたん
23 かいもく
24 ばいきゃく
25 どうまわ
26 ほこさき
27 みょうあん
28 てんさい
29 あぶらあせ
30 とうし
31 こうれい
32 じゅんきょ

7 **迎合**《げいごう》→相手に調子を合わせて、受け答えすること。
17 **怒号**《どごう》→怒って大声でどなること。
20 **誇示**《こじ》→自慢げに見せること。
21 **脚色**《きゃくしょく》→事実を誇張するなどして面白くすること。
23 **皆目**《かいもく》→まったく。
26 **矛先**《ほこさき》→攻撃の対象。
27 **妙案**《みょうあん》→優れた考え。

点線で折り、解答を隠しても使えます!

読み④

目標時間 3分

あなたの学習の優先度は？
□A □B □C
使い方は20ページ

●次の——線の漢字の読みをひらがなで記せ。

□ 1 **見渡**す限り一面の雪景色だ。

□ 2 右のわき腹に**鈍痛**を覚える。

□ 3 音楽界で**異彩**を放つ存在だ。

□ 4 **熟慮**して卒業後の進路を決める。

□ 5 悪質な交通違反を**摘発**する。

□ 6 天命を全うし百歳で**永眠**する。

□ 7 **主翼**に二つのエンジンを装備する。

□ 8 親類の**縁故**で就職が決まった。

□ 9 選手の登場に**歓呼**の声が上がる。

□ 10 ゲレンデに粉雪が**舞**っている。

□ 11 来日した客を空港まで**迎**えに行く。

□ 12 俳優の**迫真**の演技に息をのむ。

□ 13 代々続く家業を**息子**に継がせる。

□ 14 リーダーとして**敏腕**を振るう。

□ 15 道具を使って**握力**をきたえる。

□ 16 危険を**冒**して冬山を登る。

□ 17 玄関でくつを**脱**いでから家に入る。

□ 18 飛行機が時間通りに**離陸**する。

□ 19 景色の良いホテルに泊まる。

□ 20 後輩を指導し即戦力に育てる。

□ 21 協議がついに大詰めを迎える。

□ 22 資料を一つ一つ丹念に調べる。

□ 23 要人の迎えに秘書を遣わす。

□ 24 被災者に救援物資を届ける。

□ 25 悲恋を描いた物語に涙する。

□ 26 体格は劣るが技術力で上回る。

□ 27 朝刊の連載小説を楽しみにする。

□ 28 躍動感あふれる筆遣いの書だ。

□ 29 事件に関与したと疑われる。

□ 30 神社にお参りして合格を祈願する。

□ 31 冬季オリンピックを招致する。

□ 32 不用意な言動が波紋を呼んだ。

標準解答

1 みわた
2 どんつう
3 いさい
4 じゅくりょ
5 てきはつ
6 えいみん
7 しゅよく
8 えんこ
9 かんこ
10 ま
11 むか
12 はくしん
13 むすこ
14 びんわん
15 あくりょく
16 おか
17 ぬ
18 りりく
19 と
20 こうはい
21 おおづ
22 たんねん
23 つか
24 きゅうえん
25 ひれん
26 おと
27 れんさい
28 やくどう
29 かんよ
30 きがん
31 しょうち
32 はもん

3 異彩《いさい》→際立って優れている様子。
6 永眠《えいみん》→死ぬこと。
7 主翼《しゅよく》→飛行機の胴体から横に張りだした浮き上がる力を与える翼。
8 縁故《えんこ》→血縁などのつながり。
9 歓呼《かんこ》→喜びのあまり大声を上げること。
16 冒《おか》す→危険などに逆らいあえて実行する。
25 悲恋《ひれん》→悲しい結果に終わる恋。
28 躍動《やくどう》→生き生きと動くこと。

点線で折り、解答を隠しても使えます！

4時間目

難易度Ⅳ

同音・同訓異字

目標時間
3分

あなたの学習の優先度は?
□A □B □C
使い方は20ページ

●次の——線のカタカナに当てはまる漢字をそれぞれのア〜オから一つ選び、記号を記せ。

□ 1 国際会議に大使を派ケンする。〔　〕
□ 2 物事にいつも真ケンに取り組む。〔　〕
□ 3 通りに数ケンの商店が並んでいる。〔　〕

（ア遣　イ軒　ウ剣　エ圏　オ堅）

□ 4 コウ天により大会が中止となった。〔　〕
□ 5 専門雑誌に論文を寄コウする。〔　〕
□ 6 支出をコウ目別に管理する。〔　〕

（ア荒　イ更　ウ稿　エ項　オ抗）

□ 7 山奥で巨大なクマをホ獲する。〔　〕
□ 8 道をアスファルトでホ装する。〔　〕
□ 9 旅行地の候ホを数箇所にしぼる。〔　〕

（ア捕　イ舗　ウ保　エ歩　オ補）

□ 10 最優秀選手賞の栄ヨに輝く。〔　〕
□ 11 ヨ暇を利用して旅行に出かける。〔　〕
□ 12 全財産を一人娘に贈ヨする。〔　〕

（ア与　イ預　ウ余　エ誉　オ予）

□ 13 エレベーターのボタンをオす。〔　〕
□ 14 一事が万事オして知るべしだ。〔　〕
□ 15 試合中に腕にけがをオった。〔　〕

（ア押　イ帯　ウ負　エ追　オ推）

□ 16 住民が近くの公民館にヒ難する。〔　〕
□ 17 ヒ写体に応じてレンズをかえる。〔　〕
□ 18 ヒ岸に先祖の墓参りをする。〔　〕

（ア被　イ批　ウ疲　エ彼　オ避）

□ 19 三年ぶりの再会を祝いカン杯する。〔　〕
□ 20 カン言につられて大損する。〔　〕
□ 21 タレントが登場しカン声が上がる。〔　〕

（ア監　イ甘　ウ歓　エ乾　オ鑑）

□ 22 シ質が少なめの食事を心がける。〔　〕
□ 23 畳の上に布団をシいて寝る。〔　〕
□ 24 シ外線を浴びて日焼けする。〔　〕

（ア紫　イ敷　ウ旨　エ刺　オ脂）

標準解答

1 ア（遣）
2 ウ（剣）
3 イ（軒）
4 ア（荒）
5 ウ（稿）
6 エ（項）

7 ア（捕）
8 イ（舗）
9 オ（補）
10 エ（誉）
11 ウ（余）
12 ア（与）

13 ア（押）
14 オ（推）
15 ウ（負）
16 オ（避）
17 ア（被）
18 エ（彼）

19 エ（乾）
20 イ（甘）
21 ウ（歓）
22 オ（脂）
23 イ（敷）
24 ア（紫）

4 **荒《こう》天《てん》**↓風や雨が強くて荒れた天気。

5 **寄《き》稿《こう》**↓新聞や雑誌に原稿を書いて送ること。

14 **推《お》して知《し》るべし**↓容易に推察できること。

18 **彼《ひ》岸《がん》**↓春分の日と秋分の日を中日とする各7日間。

20 **甘《かん》言《げん》**↓人に気に入られるような、たくみな言葉。

21 **歓《かん》声《せい》**↓喜びのあまり出る叫び声。

4時間目

難易度Ⅳ

漢字識別①

目標時間 3分

あなたの学習の優先度は？
□A □B □C
使い方は20ページ

●三つの□に共通する漢字を□の中から選んで熟語を作り、記号で記せ。

□ 1 多□・水□・光□ 【　】

□ 2 新□・□利・精□ 【　】

□ 3 師□・規□・広□ 【　】

□ 4 生□・□明・新□ 【　】

□ 5 後□・□助・声□ 【　】

ア 範　イ 援　ウ 鮮　エ 潔　オ 鋭
カ 彩　キ 駆　ク 備　ケ 渡　コ 獲

□ 6 □読・□想・□殺 【　】

□ 7 冷□・□雪・□彩 【　】

□ 8 □性・高□・腕自□ 【　】

□ 9 連□・満□・積□ 【　】

□ 10 多□・繁□・□殺 【　】

ア 慢　イ 黙　ウ 淡　エ 煙　オ 輸
カ 載　キ 是　ク 忙　ケ 雨　コ 激

□ 11 首□・□根・交□ 〔　〕

□ 12 □大・□人・□業 〔　〕

□ 13 血□・□故・□側 〔　〕

□ 14 金□式・晩□・求□ 〔　〕

ア 偉　イ 皆　ウ 凶　エ 縁　オ 飾
カ 甘　キ 婚　ク 尾

□ 15 砲□・□力・□圧 〔　〕

□ 16 招□・筆□・□命的 〔　〕

□ 17 有□・□替・作□ 〔　〕

□ 18 先□・弱□・年□ 〔　〕

ア 境　イ 致　ウ 為　エ 販　オ 弾
カ 杯　キ 紅　ク 輩

標準解答

1 カ（多彩《たさい》・水彩《すいさい》・光彩《こうさい》）
2 オ（新鋭《しんえい》・鋭利《えいり》・精鋭《せいえい》）
3 ア（師範《しはん》・規範《きはん》・広範《こうはん》）
4 ウ（生鮮《せいせん》・鮮明《せんめい》・新鮮《しんせん》）
5 イ（後援《こうえん》・援助《えんじょ》・声援《せいえん》）

6 イ（黙読《もくどく》・黙想《もくそう》・黙殺《もくさつ》）
7 ウ（冷淡《れいたん》・淡雪《あわゆき》・淡彩《たんさい》）
8 ア（慢性《まんせい》・高慢《こうまん》・腕自慢《うでじまん》）
9 カ（連載《れんさい》・満載《まんさい》・積載《せきさい》）
10 ク（多忙《たぼう》・繁忙《はんぼう》・忙殺《ぼうさつ》）

11 ク（首尾《しゅび》・尾根《おね》・交尾《こうび》）
12 ア（偉大《いだい》・偉人《いじん》・偉業《いぎょう》）
13 エ（血縁《けつえん》・縁故《えんこ》・縁側《えんがわ》）
14 キ（金婚式《きんこんしき》・晩婚《ばんこん》・求婚《きゅうこん》）

15 オ（砲弾《ほうだん》・弾力《だんりょく》・弾圧《だんあつ》）
16 イ（招致《しょうち》・筆致《ひっち》・致命的《ちめいてき》）
17 ウ（有為《うい》・為替《かわせ》・作為《さくい》）
18 ク（先輩《せんぱい》・弱輩《じゃくはい》・年輩《ねんぱい》）

点線で折り、解答を隠しても使えます!

漢字識別②

目標時間 3分

●三つの□に共通する漢字を□の中から選んで熟語を作り、記号で記せ。

□ 1 □暑・□進・勇□ 〔　〕

□ 2 失□・悲□・初□ 〔　〕

□ 3 □重・□味・□客 〔　〕

□ 4 □常・□久・□星 〔　〕

□ 5 □護・□入・□在 〔　〕

ア 砲　イ 珍　ウ 溶　エ 捕　オ 恋
カ 狂　キ 芝　ク 猛　ケ 恒　コ 介

□ 6 脈□・□子・□手 〔　〕

□ 7 □体・□議・反□ 〔　〕

□ 8 備□・貯□・含□ 〔　〕

□ 9 家□・□章・波□ 〔　〕

□ 10 岸□・□面・□紙 〔　〕

ア 化　イ 壁　ウ 紋　エ 誇　オ 戦
カ 延　キ 蓄　ク 拍　ケ 直　コ 抗

□ 11 不□・□解・□報〔　　〕

□ 12 運□・□送・□入〔　　〕

□ 13 □落・普□・追□〔　　〕

□ 14 猛□・□火・熱□〔　　〕

ア 搬　イ 詳　ウ 優　エ 及　オ 万
カ 復　キ 烈　ク 舌

□ 15 優□・□悪・□敗〔　　〕

□ 16 □路・低□・□信〔　　〕

□ 17 □底・□達度・周□〔　　〕

□ 18 □面・□陽・傾□〔　　〕

ア 集　イ 仰　ウ 到　エ 劣　オ 盛
カ 迷　キ 斜　ク 盆

標準解答

1 ク（猛暑《もうしょ》・猛進《もうしん》・勇猛《ゆうもう》）

2 オ（失恋《しつれん》・悲恋《ひれん》・初恋《はつこい》）

3 イ（珍重《ちんちょう》・珍味《ちんみ》・珍客《ちんきゃく》）

4 ケ（恒常《こうじょう》・恒久《こうきゅう》・恒星《こうせい》）

5 コ（介護《かいご》・介入《かいにゅう》・介在《かいざい》）

6 ク（脈拍《みゃくはく》・拍子《ひょうし》・拍手《はくしゅ》）

7 コ（抗体《こうたい》・抗議《こうぎ》・反抗《はんこう》）

8 キ（備蓄《びちく》・貯蓄《ちょちく》・含蓄《がんちく》）

9 ウ（家紋《かもん》・紋章《もんしょう》・波紋《はもん》）

10 イ（岸壁《がんぺき》・壁面《へきめん》・壁紙《かべがみ》）

11 イ（不詳《ふしょう》・詳解《しょうかい》・詳報《しょうほう》）

12 ア（運搬《うんぱん》・搬送《はんそう》・搬入《はんにゅう》）

13 エ（及落《きゅうらく》・普及《ふきゅう》・追及《ついきゅう》）

14 キ（猛烈《もうれつ》・烈火《れっか》・熱烈《ねつれつ》）

15 エ（優劣《ゆうれつ》・劣悪《れつあく》・劣敗《れっぱい》）

16 カ（迷路《めいろ》・低迷《ていめい》・迷信《めいしん》）

17 ウ（到底《とうてい》・到達度《とうたつど》・周到《しゅうとう》）

18 キ（斜面《しゃめん》・斜陽《しゃよう》・傾斜《けいしゃ》）

点線で折り、解答を隠しても使えます！

4時間目

難易度Ⅳ

熟語の構成①

目標時間 4分

あなたの学習の優先度は?
□A □B □C
使い方は20ページ

●熟語の構成には、次のようなものがある。

ア 同じような意味の字を重ねたもの（例 岩石）
イ 反対または対応の意味を表す字を重ねたもの（例 高低）
ウ 上の字が下の字を修飾しているもの（例 洋画）
エ 下の字が上の字の目的語・補語になっているもの（例 着席）
オ 上の字が下の字の意味を打ち消しているもの（例 非常）

●次の熟語は右のア～オのどれに当たるか、一つ選んで記号を記せ。

□ 1 恩恵［　］
□ 2 無尽［　］
□ 3 直訴［　］
□ 4 筆跡［　］
□ 5 配慮［　］
□ 6 去来［　］
□ 7 指紋［　］
□ 8 抜群［　］
□ 9 拡幅［　］
□ 10 援助［　］
□ 11 握力［　］
□ 12 離合［　］

□ 13 鈍痛〔　　〕

□ 14 製菓〔　　〕

□ 15 城壁〔　　〕

□ 16 戦闘〔　　〕

□ 17 空欄〔　　〕

□ 18 不備〔　　〕

□ 19 斜面〔　　〕

□ 20 越境〔　　〕

□ 21 未熟〔　　〕

□ 22 耐震〔　　〕

□ 23 執刀〔　　〕

□ 24 堅固〔　　〕

□ 25 未婚〔　　〕

□ 26 未納〔　　〕

□ 27 不惑〔　　〕

□ 28 詳細〔　　〕

標準解答

1 ア 恩も恵も「めぐみ」の意
2 オ 尽きないこと
3 ウ 「直接の↓訴え」の意
4 ウ 「筆の↓跡」の意
5 エ 「配る↑気(慮)を」の意
6 イ 「去る」↕「来る」
7 ウ 「指先の↓紋様」の意
8 エ 「ずば抜けている↑大勢(群)の中で」の意
9 エ 「拡大する↑幅を」の意
10 ア 援も助も「たすける」の意

11 ウ 「握る↓力」の意
12 イ 「離れる」↕「集まる(合)」
13 ウ 「鈍い↓痛み」の意
14 エ 「製造する↑菓子を」の意
15 ウ 「城の↓壁」の意
16 ア 戦も闘も「たたかう」の意
17 ウ 「空の↓欄」の意
18 オ 備わらないこと
19 ウ 「斜めの↓地面」の意
20 エ 「越える↑境界を」の意

21 オ まだ熟していないこと
22 エ 「耐える↑地震に」の意
23 エ 「とる(執)↑メス(刀)を」の意
24 ア 堅も固も「かたい」の意
25 オ まだ結婚していないこと
26 オ まだ納めていないこと
27 オ 惑わないこと
28 ア 詳も細も「くわしい」の意

点線で折り、解答を隠しても使えます!

4時間目

難易度Ⅳ

熟語の構成②

目標時間
4分

あなたの学習の優先度は?
□A □B □C
使い方は20ページ

●熟語の構成には、次のようなものがある。

ア 同じような意味の字を重ねたもの（例　岩石）
イ 反対または対応の意味を表す字を重ねたもの（例　高低）
ウ 上の字が下の字を修飾しているもの（例　洋画）
エ 下の字が上の字の目的語・補語になっているもの（例　着席）
オ 上の字が下の字の意味を打ち消しているもの（例　非常）

●次の熟語は右のア〜オのどれに当たるか、一つ選んで記号を記せ。

□ 1 濃淡［　］
□ 2 起稿［　］
□ 3 乾杯［　］
□ 4 盛況［　］
□ 5 着脱［　］
□ 6 巨体［　］
□ 7 送迎［　］
□ 8 優劣［　］
□ 9 寝台［　］
□ 10 獲得［　］
□ 11 握手［　］
□ 12 曇天［　］

□ 13 鉄塔［　　］

□ 14 清濁［　　］

□ 15 激突［　　］

□ 16 防災［　　］

□ 17 敵陣［　　］

□ 18 運搬［　　］

□ 19 豪雨［　　］

□ 20 難易［　　］

□ 21 猛烈［　　］

□ 22 栄枯［　　］

□ 23 失脚［　　］

□ 24 鋭角［　　］

□ 25 後輩［　　］

□ 26 無為［　　］

□ 27 存亡［　　］

□ 28 甘言［　　］

標準解答

1 イ「濃い」↕「淡い」
2 エ「起こす↑原稿を」の意
3 エ「飲み干す（乾）↑杯の酒を」の意
4 ウ「盛んな↓状況」の意
5 イ「着る」↕「脱ぐ」
6 ウ「巨大な↓体」の意
7 イ「送る」↕「迎える」
8 イ「優れる」↕「劣る」
9 ウ「寝るための↓台」の意
10 ア 獲も得も「える」の意

11 エ「握る↑手を」の意
12 ウ「曇りの↓天気」の意
13 ウ「鉄でできた↓塔」の意
14 イ「清い」↕「濁っている」
15 ウ「激しく↓突き当たること」の意
16 エ「防ぐ↑災いを」の意
17 ウ「敵の↓陣地」の意
18 ア 運も搬も「はこぶ」の意
19 ウ「荒々しい（豪）↓雨」の意
20 イ「難しい」↕「易しい」

21 ア 猛も烈も「はげしい」の意
22 イ「栄える」↕「おとろえる（枯）」
23 エ「失う↑立場（脚）を」の意
24 ウ「鋭い↓角度」の意
25 ウ「後に生まれた↓仲間（輩）」の意
26 オ 作為がないこと
27 イ「存在する」↕「めつ亡する」
28 ウ「口先だけのうまい（甘）↓言葉」の意

点線で折り、解答を隠しても使えます！

4時間目

難易度Ⅳ

熟語の構成③

目標時間 4分

あなたの学習の優先度は?

□A □B □C

使い方は20ページ

●熟語の構成には、次のようなものがある。

ア 同じような意味の字を重ねたもの（例 岩石）
イ 反対または対応の意味を表す字を重ねたもの（例 高低）
ウ 上の字が下の字を修飾しているもの（例 洋画）
エ 下の字が上の字の目的語・補語になっているもの（例 着席）
オ 上の字が下の字の意味を打ち消しているもの（例 非常）

●次の熟語は右のア～オのどれに当たるか、一つ選んで記号を記せ。

□ 1 壁画［　　］
□ 2 起床［　　］
□ 3 賞罰［　　］
□ 4 浮沈［　　］
□ 5 不眠［　　］
□ 6 歓声［　　］
□ 7 尽力［　　］
□ 8 干満［　　］
□ 9 未到［　　］
□ 10 旧暦［　　］
□ 11 即答［　　］
□ 12 濃霧［　　］

□ 13 傍線［　　］

□ 14 取捨［　　］

□ 15 不慮［　　］

□ 16 加減［　　］

□ 17 呼応［　　］

□ 18 敏速［　　］

□ 19 捕獲［　　］

□ 20 朗報［　　］

□ 21 秀作［　　］

□ 22 別離［　　］

□ 23 拍手［　　］

□ 24 珍奇［　　］

□ 25 調髪［　　］

□ 26 新鮮［　　］

□ 27 追跡［　　］

□ 28 継続［　　］

標準解答

1 ウ「壁に描かれた↓絵画」の意
2 エ「起きる↑寝床から」の意
3 イ「ほめる（賞）」↕「罰する」
4 イ「浮く」↕「沈む」
5 オ 眠らないこと
6 ウ「喜び（歓）の↓声」の意
7 エ「尽くす↑力を」の意
8 イ「（潮が）干く」↕「満ちる」
9 オ まだ到達していないこと
10 ウ「古い（旧）↓暦」の意

11 ウ「即座の↓回答」の意
12 ウ「濃く立ちこめた↓霧」の意
13 ウ「すぐ近く（傍）の↓線」の意
14 イ「取る」↕「捨てる」
15 オ 考えて（慮）いないこと
16 イ「加える」↕「減らす」
17 イ「呼ぶ」↕「応える」
18 ア 敏も速も「すばやい」の意
19 ア 捕も獲も「とらえる」の意
20 ウ「うれしい（朗）↓知らせ（報）」の意

21 ウ「優秀な↓作品」の意
22 ア 別も離も「はなれる」の意
23 エ「たたく（拍）↑手を」の意
24 ア 珍も奇も「めずらしい」の意
25 エ「調える↑髪を」の意
26 ア 新も鮮も「あたらしい」の意
27 エ「追う↑跡を」の意
28 ア 継も続も「つづける」の意

点線で折り、解答を隠しても使えます！

4時間目

難易度Ⅳ

部首①

目標時間 3分

あなたの学習の優先度は？

□A □B □C

使い方は20ページ

●次の漢字の部首をア～エから一つ選び、記号を記せ。

□ 1 額（ア頁 イ口 ウ宀 エ目）［　］

□ 2 盆（ア罒 イ刀 ウ皿 エ八）［　］

□ 3 殖（ア目 イ十 ウ歹 エ夕）［　］

□ 4 影（ア⺍ イ彡 ウ日 エ亠）［　］

□ 5 繁（ア幺 イ母 ウ糸 エ攵）［　］

□ 6 戒（ア弋 イ一 ウ廾 エ戈）［　］

□ 7 紫（ア比 イ⺍ ウ止 エ糸）［　］

□ 8 倒（ア土 イ刂 ウ亻 エ至）［　］

□ 9 覧（ア臣 イ見 ウ目 エ儿）［　］

□ 10 是（ア日 イ一 ウ𤴓 エ人）［　］

□ 11 搬（ア舟 イ又 ウ殳 エ扌）［　］

□ 12 需（ア而 イ⻗ ウ冖 エ冂）［　］

□ 13 柔（ア 十　イ 木　ウ ノ　エ 矛）［　　］

□ 14 菓（ア 艹　イ 田　ウ 木　エ 十）［　　］

□ 15 響（ア 幺　イ 音　ウ 阝　エ 日）［　　］

□ 16 層（ア 八　イ 尸　ウ 田　エ 日）［　　］

□ 17 離（ア 厶　イ 亠　ウ 冂　エ 隹）［　　］

□ 18 裏（ア 里　イ 亠　ウ 田　エ 衣）［　　］

□ 19 斜（ア 十　イ 人　ウ 斗　エ ⺌）［　　］

□ 20 腰（ア 罒　イ 覀　ウ 月　エ 女）［　　］

□ 21 威（ア 厂　イ 戈　ウ 女　エ 弋）［　　］

□ 22 騷（ア 又　イ 虫　ウ 灬　エ 馬）［　　］

標準解答

1 ア 頁（おおがい）
2 ウ 皿（さら）
3 ウ 歹（かばねへん）
4 イ 彡（さんづくり）
5 ウ 糸（いと）
6 エ 戈（ほこづくり）

7 エ 糸（いと）
8 ウ 亻（にんべん）
9 イ 見（みる）
10 ア 日（ひ）
11 エ 扌（てへん）
12 イ ⻗（あめかんむり）

13 イ 木（き）
14 ア 艹（くさかんむり）
15 イ 音（おと）
16 イ 尸（かばね）
17 エ 隹（ふるとり）

18 エ 衣（ころも）
19 ウ 斗（とます）
20 ウ 月（にくづき）
21 ウ 女（おんな）
22 エ 馬（うまへん）

点線で折り、解答を隠しても使えます！

部首②

目標時間
3分

●次の漢字の部首をア〜エから一つ選び、記号を記せ。

□ 1 恋（ア亠　イ八　ウ丶　エ心）［　］

□ 2 窓（ア宀　イ穴　ウ厶　エ心）［　］

□ 3 隠（ア阝　イ⺍　ウ心　エ⺕）［　］

□ 4 歓（ア隹　イノ　ウ二　エ欠）［　］

□ 5 堅（ア土　イ又　ウ匚　エ臣）［　］

□ 6 砲（ア勹　イノ　ウ己　エ石）［　］

□ 7 項（ア貝　イ工　ウ頁　エ八）［　］

□ 8 握（ア扌　イ至　ウ土　エ尸）［　］

□ 9 奥（ア冂　イノ　ウ大　エ米）［　］

□ 10 再（ア冂　イ一　ウ十　エ二）［　］

□ 11 勉（アカ　イ儿　ウノ　エし）［　］

□ 12 曇（ア⻗　イ日　ウ厶　エ二）［　］

あなたの学習の優先度は?
□A □B □C
使い方は20ページ

□ 13 避（ア 尸　イ 辶　ウ 口　エ 辛）

□ 14 薪（ア 木　イ 立　ウ 斤　エ 艹）

□ 15 座（ア 人　イ 厂　ウ 广　エ 土）

□ 16 辞（ア 辛　イ 十　ウ 立　エ 舌）

□ 17 舟（ア 冂　イ 一　ウ 丶　エ 舟）

□ 18 塔（ア 𠆢　イ 艹　ウ 口　エ 土）

□ 19 著（ア 艹　イ 土　ウ 耂　エ 日）

□ 20 豪（ア 口　イ 亠　ウ 冖　エ 豕）

□ 21 尾（ア 尸　イ 毛　ウ ノ　エ 乚）

□ 22 釈（ア 米　イ 尸　ウ 釆　エ 禾）

標準解答

1 エ 心（こころ）
2 イ 穴（あなかんむり）
3 ア 阝（こざとへん）
4 エ 欠（あくび）
5 ア 土（つち）
6 エ 石（いしへん）
7 ウ 頁（おおがい）
8 ア 扌（てへん）
9 ウ 大（だい）
10 ア 冂（どうがまえ）
11 ア 力（ちから）
12 イ 日（ひ）
13 イ 辶（しんにょう）
14 エ 艹（くさかんむり）
15 ウ 广（まだれ）
16 ア 辛（からい）
17 エ 舟（ふね）
18 エ 土（つちへん）
19 ア 艹（くさかんむり）
20 エ 豕（ぶた）
21 ア 尸（かばね）
22 ウ 釆（のごめへん）

点線で折り、解答を隠しても使えます！

4時間目

難易度Ⅳ

対義語・類義語

目標時間 6分

あなたの学習の優先度は？
□A □B □C
使い方は20ページ

●次の□の中の語を一度だけ使って漢字に直し、対義語・類義語を記せ。

対義語

□ 1 冒頭―□尾

□ 2 病弱―丈□

□ 3 被告―□告

□ 4 誕生―□眠

類義語

□ 5 手柄―功□

□ 6 輸送―□搬

□ 7 支援―□力

□ 8 改定―□更

うん・えい・げん・じょ・せき・ぶ・へん・まつ

対義語

□ 9 決定―保□

□ 10 定期―□時

□ 11 憶測―□信

□ 12 巨大―微□

類義語

□ 13 近隣―周□

□ 14 反撃―□襲

□ 15 老練―円□

□ 16 雑踏―□雑

かく・ぎゃく・こん・さい・じゅく・へん・りゅう・りん

□ 17 閉鎖―開（　）

□ 18 希薄―濃（　）

□ 19 悲嘆―歓（　）

□ 20 繁雑―簡（　）

□ 21 追憶―回（　）

□ 22 原因―（　）拠

□ 23 巨木―大（　）

□ 24 備蓄―貯（　）

き・こん・じゅ・そう・ぞう・ほう・みつ・りゃく

□ 25 凶暴―柔（　）

□ 26 濁流―（　）流

□ 27 受理―（　）下

□ 28 故意―過（　）

□ 29 冷淡―薄（　）

□ 30 考慮―思（　）

□ 31 永遠―恒（　）

□ 32 同等―匹（　）

あん・きゃっ・きゅう・しつ・じょう・せい・てき・わ

標準解答

1 末尾《まつび》
2 丈夫《じょうぶ》
3 原告《げんこく》
4 永眠《えいみん》
5 功績《こうせき》
6 運搬《うんぱん》
7 助力《じょりょく》
8 変更《へんこう》

---

9 保留《ほりゅう》
10 臨時《りんじ》
11 確信《かくしん》
12 微細《びさい》
13 周辺《しゅうへん》
14 逆襲《ぎゃくしゅう》
15 円熟《えんじゅく》
16 混雑《こんざつ》

---

17 開放《かいほう》
18 濃密《のうみつ》
19 歓喜《かんき》
20 簡略《かんりゃく》
21 回想《かいそう》
22 根拠《こんきょ》
23 大樹《たいじゅ》
24 貯蔵《ちょぞう》

---

25 柔和《にゅうわ》
26 清流《せいりゅう》
27 却下《きゃっか》
28 過失《かしつ》
29 薄情《はくじょう》
30 思案《しあん》
31 恒久《こうきゅう》
32 匹敵《ひってき》

点線で折り、解答を隠しても使えます!

4時間目

難易度Ⅳ

四字熟語①

目標時間 5分

●次の——線のカタカナを漢字で記せ。

□ 1 驚テン動地の重大事件が発生する。
□ 2 空前ゼツ後の大記録を打ち立てる。
□ 3 一日千シュウの思いで帰りを待つ。
□ 4 不眠不キュウで作品を仕上げる。
□ 5 無リ算段して留学費用を用意する。
□ 6 分別なく権力者に付ワ雷同する。
□ 7 長い下積みを経て大キ晩成した。
□ 8 農村で自給自ソクの生活を送る。
□ 9 栄転して前ト洋々たる気持ちだ。
□ 10 冷静チン着な判断が求められる。
□ 11 好況で多ジ多端な日々を送る。
□ 12 注意サン漫で大失態を演じた。
□ 13 モン外不出の家宝を公開する。
□ 14 一進一タイの攻防を繰り返す。
□ 15 停職は一バツ百戒の効果があった。
□ 16 問答無ヨウと提案を却下する。
□ 17 優柔不ダンな態度で不信を招いた。
□ 18 言コウ一致を心がけ信頼を得る。

あなたの学習の優先度は?
□A □B □C
使い方は20ページ

□ 19 社長を前に小シン翼々としている。

□ 20 ロン旨明快な説明に皆が納得した。

□ 21 天候に恵まれてホウ年満作だった。

□ 22 メイ朗快活な性格で人に好かれる。

□ 23 首相の一キョ一動が注目される。

□ 24 事実無コンのうわさが立つ。

□ 25 じっと我慢して好機トウ来を待つ。

□ 26 昼夜兼コウで工事を完成させた。

□ 27 うまい話にギ心暗鬼になる。

□ 28 電光石カの攻撃を仕かける。

□ 29 力戦フン闘して宿敵に勝利した。

□ 30 抱フク絶倒の漫才で人気を博した。

□ 31 ただの社交ジ令に過ぎない。

□ 32 古コン東西の名作を読みあさる。

標準解答

1 驚天動地《きょうてんどうち》

2 空前絶後《くうぜんぜつご》

3 一日千秋《いちじつせんしゅう》

4 不眠不休《ふみんふきゅう》

5 無理算段《むりさんだん》

6 付和雷同《ふわらいどう》

7 大器晩成《たいきばんせい》

8 自給自足《じきゅうじそく》

9 前途洋々《ぜんとようよう》

10 冷静沈着《れいせいちんちゃく》

11 多事多端《たじたたん》

12 注意散漫《ちゅういさんまん》

13 門外不出《もんがいふしゅつ》

14 一進一退《いっしんいったい》

15 一罰百戒《いちばつひゃっかい》

16 問答無用《もんどうむよう》

17 優柔不断《ゆうじゅうふだん》

18 言行一致《げんこういっち》

19 小心翼々《しょうしんよくよく》

20 論旨明快《ろんしめいかい》

21 豊年満作《ほうねんまんさく》

22 明朗快活《めいろうかいかつ》

23 一挙一動《いっきょいちどう》

24 事実無根《じじつむこん》

25 好機到来《こうきとうらい》

26 昼夜兼行《ちゅうやけんこう》

27 疑心暗鬼《ぎしんあんき》

28 電光石火《でんこうせっか》

29 力戦奮闘《りきせんふんとう》

30 抱腹絶倒《ほうふくぜっとう》

31 社交辞令《しゃこうじれい》

32 古今東西《ここんとうざい》

点線で折り、解答を隠しても使えます！

4時間目

難易度Ⅳ

四字熟語②

目標時間
5分

あなたの学習の優先度は?
□A □B □C
使い方は20ページ

●次の――線のカタカナを漢字で記せ。

□ 1 サイ色兼備の姉妹が脚光を浴びる。
□ 2 全国各地で天サイ地変に襲われた。
□ 3 神前に一年の無病ソク災を祈る。
□ 4 隠居して晴耕雨ドクの生活を送る。
□ 5 不況が長引き国がキ急存亡のときだ。
□ 6 両者の利害トク失が合致する。
□ 7 天変地イが続いて不安が広がった。
□ 8 非行少年の自力更セイを見守る。
□ 9 オ名返上の絶好の機会だ。
□ 10 七ナン八苦を耐えしのぶ。
□ 11 花チョウ風月を題材に詩をよむ。
□ 12 初対面ですぐに意気トウ合する。
□ 13 七転八キの精神で経営する。
□ 14 生徒に是ヒ曲直を教える。
□ 15 人跡ミ踏の極地を探検する。
□ 16 闘シ満々で勝負の一番にのぞむ。
□ 17 絶体絶メイの危機を迎えた。
□ 18 決断を迫られ独り沈思黙コウする。

□ 19 明キョウ止水の心境で日々を送る。

□ 20 夫婦が二人三キャクで経営する。

□ 21 勝利を確信しても油ダン大敵だ。

□ 22 どの案も大同小イで決めかねる。

□ 23 難しい問題に悪戦ク闘する。

□ 24 名所キュウ跡を訪ねて歴史を学ぶ。

□ 25 人メン獣心の殺人犯が捕まった。

□ 26 未解決の問題が多く前ト多難だ。

□ 27 親友の早世に愛別リ苦を味わう。

□ 28 議ロン百出して収拾がつかない。

□ 29 一心不ランに勉学に打ち込む。

□ 30 ハク覧強記の学者として名高い。

□ 31 親友と一コク千金の時を過ごした。

□ 32 八ポウ美人で気を許せない人だ。

標準解答

1 才色兼備《さいしょくけんび》
2 天災地変《てんさいちへん》
3 無病息災《むびょうそくさい》
4 晴耕雨読《せいこううどく》
5 危急存亡《ききゅうそんぼう》
6 利害得失《りがいとくしつ》
7 天変地異《てんぺんちい》
8 自力更生《じりきこうせい》
9 汚名返上《おめいへんじょう》
10 七難八苦《しちなんはっく》
11 花鳥風月《かちょうふうげつ》
12 意気投合《いきとうごう》
13 七転八起《しちてんはっき》
14 是非曲直《ぜひきょくちょく》
15 人跡未踏《じんせきみとう》
16 闘志満々《とうしまんまん》
17 絶体絶命《ぜったいぜつめい》
18 沈思黙考《ちんしもっこう》
19 明鏡止水《めいきょうしすい》
20 二人三脚《ににんさんきゃく》
21 油断大敵《ゆだんたいてき》
22 大同小異《だいどうしょうい》
23 悪戦苦闘《あくせんくとう》
24 名所旧跡《めいしょきゅうせき》
25 人面獣心《じんめんじゅうしん》
26 前途多難《ぜんとたなん》
27 愛別離苦《あいべつりく》
28 議論百出《ぎろんひゃくしゅつ》
29 一心不乱《いっしんふらん》
30 博覧強記《はくらんきょうき》
31 一刻千金《いっこくせんきん》
32 八方美人《はっぽうびじん》

点線で折り、解答を隠しても使えます！

4時間目

難易度Ⅳ

誤字訂正

目標時間 **5分**

あなたの学習の優先度は?

□A □B □C

使い方は20ページ

●次の各文に間違って使われている同じ読みの漢字が一字ある。上に誤字を、下に正しい漢字を記せ。

□ **1** 発達した台風が予報の進路からずれて全国各地に空前の被外を及ぼした。 〔　↓　〕

□ **2** 専門家から論文の主張に重大な誤りがあるとの支摘を受けて修正した。 〔　↓　〕

□ **3** 高度成長期に設置されて経年劣化した水道管が破尊し水浸しになった。 〔　↓　〕

□ **4** 素材の改良と最新の加工技術により商品の質感が飛躍的に高上した。 〔　↓　〕

□ **5** 消味期限が近い食品を飼料として再利用してごみの減量に努める。 〔　↓　〕

□ **6** 従業員の健康に拝慮して最新の空調整備を導入し社内の衛生を改善した。 〔　↓　〕

□ **7** 細心の注意を払って製品を検差したが異常は発見されず無事に出荷した。 〔　↓　〕

□ **8** 温度を厳密に管理し美術館が所造する貴重な絵画の劣化を防いでいる。 〔　↓　〕

□ **9** 夏期に限り図書館の閉館時間を延長して住民の利弁性を大幅に改善した。〔　→　〕

□ **10** 客の個人情報を当録した一覧表を従業員が遺失して一大事に発展する。〔　→　〕

□ **11** 老朽化した重要文化財を創建当時の技術を使って見事に復元した。〔　→　〕

□ **12** 公共性の高い古い建築物に保強工事をして来たるべき大地震に備える。〔　→　〕

□ **13** 運行前に車両を細部にわたって転検して正常に機能することを確かめる。〔　→　〕

□ **14** 倒産寸前の会社を非凡な経営手腕を発期して見事に再建に成功した。〔　→　〕

標準解答

1 外→害

2 支→指

3 尊→損

4 高→向

5 消→賞

6 拝→配

7 差→査

8 造→蔵

9 弁→便

10 当→登

11 材→財

12 保→補

13 転→点

14 期→揮

2 **指摘**《してき》→必要な箇所を取り上げて示すこと。

5 **賞味**《しょうみ》→おいしさを味わいながら食べること。

6 **配慮**《はいりょ》→心を配ること。

8 **所蔵**《しょぞう》→自分の物としてしまっておくこと。

14 **発揮**《はっき》→持っている力を出すこと。

点線で折り、解答を隠しても使えます!

特別な読み方

漢字の読みには特殊な読み方をするものがあります。常用漢字表の中の特別な音訓のうち、中学校で学習する用語を下記まとめました。読めるようにしておきましょう。

漢字	読み	用例
遺	（ユイ）	遺言《ゆいごん》
仮	（ケ）	仮病《けびょう》
夏	（ゲ）	夏至《げし》
街	（カイ）	街道《かいどう》
胸	（むな）	胸板《むないた》・胸毛《むなげ》・胸騒《むなさわ》ぎ
境	（ケイ）	境内《けいだい》
仰	（コウ）	信仰《しんこう》
紅	（ク）	真紅《しんく》・深紅《しんく》
黄	（こ）	黄金《こがね》
歳	（セイ）	歳暮《せいぼ》
財	（サイ）	財布《さいふ》
児	（ニ）	小児科《しょうにか》
手	（た）	手綱《たづな》・手繰《たぐ》る
舟	（ふな）	舟遊《ふなあそ》び・船宿《ふなやど》・舟歌《ふなうた》
修	（シュ）	修行《しゅぎょう》
出	（スイ）	出納《すいとう》
旬	（シュン）	旬《しゅん》
除	（ジ）	掃除《そうじ》
神	（かん）	神主《かんぬし》
仁	（ニ）	仁王《におう》
井	（ショウ）	天井《てんじょう》
声	（こわ）	声色《こわいろ》
星	（ショウ）	明星《みょうじょう》
精	（ショウ）	精進《しょうじん》・不精《ぶしょう》
静	（ジョウ）	静脈《じょうみゃく》
石	（コク）	石高《こくだか》・千石船《せんごくぶね》
昔	（シャク）	今昔《こんじゃく》
切	（サイ）	一切《いっさい》
早	（サッ）	早速《さっそく》・早急《さっきゅう》
贈	（ソウ）	寄贈《きそう》
弟	（デ）	弟子《でし》
度	（タク）	支度《したく》
稲	（いな）	稲作《いなさく》・稲穂《いなほ》
内	（ダイ）	内裏《だいり》・参内《さんだい》
納	（ナッ）	納得《なっとく》・納豆《なっとう》
納	（トウ）	出納《すいとう》
拍	（ヒョウ）	拍子《ひょうし》
反	（タン）	反物《たんもの》
彼	（かの）	彼女《かのじょ》
夫	（フウ）	夫婦《ふうふ》・工夫《くふう》
坊	（ボッ）	坊《ぼっ》ちゃん
暴	（バク）	暴露《ばくろ》
目	（ボク）	面目《めんぼく》
露	（ロウ）	披露《ひろう》

5時間目

模擬テスト

最後の総仕上げが模擬テストです。
本試験と同様の形式の問題を、制限時間内で解き、実力を確かめましょう。

5時間目

模擬テスト

★★ 合格安全圏 160点以上

★ 合格範囲内 140～159点

! 合格圏外 139点以下

総合点

／200

1 読み

次の――線の漢字の読みをひらがなで記せ。

□ 1 初めてのことで二の足を踏んだ。

□ 2 思い通りにいかずに肩を落とす。

□ 3 赤ちゃんは朝からごきげん斜めだ。

□ 4 店内を東洋風に装飾する。

□ 5 責任者が陣頭に立って指揮を執る。

□ 6 血は水よりも濃い。

□ 7 銀行で外国通貨を円に替える。

□ 8 仕事が終わって芝居を見に行く。

□ 9 夫婦間で暗黙のりょう解がある。

□ 10 犬が庭を元気に駆け回る。

□ 11 繁忙期にアルバイトをやとう。

□ 12 幼少期から秀才の誉れが高い。

□ 13 長文を読んで要旨を書き出す。

□ 14 極秘文書が一般に公開された。

□ 15 言葉遣いが軽薄で信用に欠ける。

□ 16 疲れて体が鉛のように重たい。

各1点×30

／30

□ 17 複数の薬剤を混ぜ合わせる。

□ 18 故人の日記を遺稿集として出す。

□ 19 本国に残した妻を恋しく思う。

□ 20 発電のための石炭を採掘する。

□ 21 恐怖のあまり腰が抜けた。

□ 22 額から汗の滴がしたたり落ちる。

□ 23 威圧的で近寄りがたい上司だ。

□ 24 祖父は黒い縁の眼鏡をかけている。

□ 25 扇子であおいで暑さをしのぐ。

□ 26 台風が近づき高波を警戒する。

□ 27 諸国を巡って見聞を広める。

□ 28 毛髪を鑑定し血液型を割り出した。

□ 29 空き地で雌の子ネコを拾う。

□ 30 鋭い指摘に思わずたじろいだ。

2 同音・同訓異字

各2点×15 ／30

次の――線のカタカナに当てはまる漢字をそれぞれのア～オから一つ選び、記号を記せ。

□ 1 業績不シンの会社を立て直す。

□ 2 国境を越えて敵がシン入する。

□ 3 将来の進路をシン重に考える。

（ア震　イ侵　ウ深　エ慎　オ振）

□ 4 結婚後も旧セイで仕事を続ける。

□ 5 アルプスの最高峰をセイ服する。

□ 6 新年会が大セイ況に終わった。

（ア盛　イ勢　ウ誠　エ姓　オ征）

□ 7 キョウ異的な回復力を見せる。 〔　　〕

□ 8 容疑者が犯行を自キョウする。 〔　　〕

□ 9 一心不乱におキョウを唱える。 〔　　〕

（ア 経　イ 驚　ウ 供　エ 狂　オ 恐）

□ 10 改正道路交通法が公フされる。 〔　　〕

□ 11 ろうそくの火をそっとフき消す。 〔　　〕

□ 12 虫に刺されて皮フが赤くはれる。 〔　　〕

（ア 浮　イ 膚　ウ 普　エ 布　オ 吹）

□ 13 恒久的な世界平和をキ念する。 〔　　〕

□ 14 数キな運命にもてあそばれる。 〔　　〕

□ 15 提言はキ上の空論に過ぎない。 〔　　〕

（ア 祈　イ 鬼　ウ 輝　エ 奇　オ 机）

3 漢字識別

各2点×5　／10

三つの□に共通する漢字を［　］の中から選んで熟語を作り、記号で記せ。

□ 1 寄□・□与・□答品 〔　　〕

□ 2 □立・転□・打□ 〔　　〕

□ 3 落□・着□・□帽 〔　　〕

□ 4 □楽・優□・風□ 〔　　〕

□ 5 □星・迷□・疑□ 〔　　〕

ア 精	イ 歓	ウ 贈	エ 認	オ 倒
カ 雷	キ 釈	ク 惑	ケ 脱	コ 雅

4 熟語の構成

熟語の構成には、次のようなものがある。

ア 同じような意味の字を重ねたもの （例 岩石）
イ 反対または対応の意味を表す字を重ねたもの （例 高低）
ウ 上の字が下の字を修飾しているもの （例 洋画）
エ 下の字が上の字の目的語・補語になっているもの （例 着席）
オ 上の字が下の字の意味を打ち消しているもの （例 非常）

次の熟語は上のア～オのどれに当たるか、一つ選んで記号を記せ。

各2点×10　／20

□ 1 遅刻 ［　］
□ 2 無恥 ［　］
□ 3 荒野 ［　］
□ 4 屈指 ［　］
□ 5 迎春 ［　］
□ 6 功罪 ［　］
□ 7 仰天 ［　］
□ 8 不朽 ［　］
□ 9 攻守 ［　］
□ 10 冒険 ［　］

5 部首

次の漢字の部首をア〜エから一つ選び、記号を記せ。

各1点×10　／10

□ 1 粒（ア 米　イ 木　ウ 亠　エ 立）〔　〕

□ 2 競（ア 口　イ 儿　ウ 立　エ 亠）〔　〕

□ 3 幅（ア 巾　イ 丨　ウ 口　エ 田）〔　〕

□ 4 延（ア 廴　イ 止　ウ ノ　エ 又）〔　〕

□ 5 獲（ア 艹　イ 犭　ウ 又　エ 隹）〔　〕

□ 6 殿（ア 又　イ 尸　ウ 殳　エ 八）〔　〕

□ 7 就（ア 尢　イ ⺌　ウ 亠　エ 口）〔　〕

□ 8 噴（ア 十　イ 口　ウ 八　エ 貝）〔　〕

□ 9 至（ア 一　イ 厶　ウ 至　エ 土）〔　〕

□ 10 載（ア 車　イ 弋　ウ 土　エ 戈）〔　〕

6 対義語・類義語

各2点×10　／20

次の□の中の語を一度だけ使って漢字に直し、対義語・類義語を記せ。

対義語

□ 1 柔和―凶□

□ 2 歓喜―□嘆

□ 3 開放―□鎖

□ 4 却下―受□

□ 5 兼業―□業

類義語

□ 6 留守―不□

□ 7 運搬―運□

□ 8 腕前―□量

□ 9 苦労―□儀

□ 10 隷属―服□

ぎ・ざい・じゅう・せん・なん・ひ・へい・ぼう・ゆ・り

7 漢字と送りがな

各2点×5　／10

次の――線のカタカナを漢字一字と送りがな（ひらがな）で記せ。

〈例〉問題にコタエル。［答える］

□ 1 記者からの質問に口をトザシた。［　　］

□ 2 向かい風にサカラッて前進する。［　　］

□ 3 公園に新しい遊具をモウケル。［　　］

□ 4 全員一致の賛成がノゾマシイ。［　　］

□ 5 突然の知らせにオドロイた。［　　］

8 四字熟語

次の――線のカタカナを漢字で記せ。

各2点×10　／20

1 犯行の一部シ終を目撃する。

2 頭カン足熱のおかげで安眠できた。

3 キョウ味本位でヘビを触る。

4 失言が批判の集中ホウ火を浴びる。

5 諸行無ジョウの世の中を生きる。

6 意味シン長な言葉を発する。

7 二人の兄弟は以心デン心の間柄だ。

8 思慮分ベツをわきまえて行動する。

9 適者生ゾンの厳しい世を生き抜く。

10 メダルをかけた真剣ショウ負だ。

9 誤字訂正

次の各文に間違って使われている同じ読みの漢字が一字ある。上に誤字を、下に正しい漢字を記せ。

各2点×5　／10

1 類似の商品を比較検当した結果、機能性と耐久性に優れた方を選んだ。　［　］→［　］

2 芸術的な価値の高い中世時代の水彩画を一堂に集めた展欄会が開かれた。　［　］→［　］

3 流域の住民の安全を考え河川の堤防を整美する計画が議会で承認された。　［　］→［　］

4 厳しい訓連にも弱音を吐かずに耐えて、一人前の消防士に成長した。　［　］→［　］

5 観光地に対する根も葉もない風評が広がり例年に比べて客足が劇減した。　［　］→［　］

10 書き取り

次の――線のカタカナを漢字に直せ。

□ **1** 若者の人気をドクセンする。

□ **2** 外国とのボウエキで利益を得る。

□ **3** ヌマに生息する魚を調べる。

□ **4** シャソウから見える風景が美しい。

□ **5** コップに冷たい牛乳をソソぐ。

□ **6** 消防官が火事現場で人命をスクう。

□ **7** 町内会長を二期連続でツトめた。

□ **8** 祭りでイサましい声が飛び交う。

□ **9** 畑をタガヤして野菜を育てる。

□ **10** 木のミキにツタがからまっている。

□ **11** 年オいた体をいたわり静養する。

□ **12** 立派なモンガマえの屋敷に住む。

□ **13** 力士がドヒョウに塩をまく。

□ **14** 栄養をホウフに含む食材を使う。

□ **15** 床下に給水用のクダを通す。

□ **16** 校歌をピアノでエンソウする。

□ **17** 授業に遅刻したワケを先生に話す。

□ **18** 帰省のタビに祖父の墓参りをする。

□ **19** 玄関先で荷物を手ワタした。

□ **20** 自説をウラヅける根拠を探す。

各2点×20

／40

5時間目

模擬テスト・標準解答

1 読み

1	ふ
2	かた
3	なな
4	そうしょく
5	と
6	こ
7	か
8	しばい
9	あんもく
10	か
11	はんぼう
12	ほま
13	ようし
14	ごくひ
15	けいはく
16	なまり
17	やくざい
18	いこう
19	こい
20	さいくつ
21	きょうふ
22	しずく
23	いあつ
24	ふち
25	せんす
26	けいかい
27	めぐ
28	もうはつ
29	めす
30	するど

各1点×30

2 同音・同訓異字

1	オ
2	イ
3	エ
4	エ
5	オ
6	ア
7	イ
8	ウ
9	ア
10	エ
11	オ
12	イ
13	ア
14	エ
15	オ

各2点×15

3 漢字識別

1	ウ
2	オ
3	ケ
4	コ
5	ク

各2点×5

4 熟語の構成

1	エ
2	オ
3	ウ
4	エ
5	エ
6	イ
7	エ
8	オ
9	イ
10	エ

各2点×10

5 部首

各1点×10

1	2	3	4	5	6	7	8	9	10
ア	ウ	ア	ア	イ	ウ	ア	イ	ウ	ア

6 対義語・類義語

各2点×10

1	2	3	4	5	6	7	8	9	10
暴	悲	閉	理	専	在	輸	技	難	従

7 漢字と送りがな

各2点×5

1	2	3	4	5
閉ざし	逆らっ	設ける	望ましい	驚い

8 四字熟語

各2点×10

1	2	3	4	5	6	7	8	9	10
始	寒	興	砲	常	深	伝	別	存	勝

9 誤字訂正

各2点×5

1	2	3	4	5
当↓討	欄↓覧	美↓備	連↓練	劇↓激

10 書き取り

各2点×20

1	2	3	4	5	6	7	8	9	10
独占	貿易	沼	車窓	注	救	務	勇	耕	幹

11	12	13	14	15	16	17	18	19	20
老	門構	土俵	豊富	管	演奏	訳	度	渡	裏付

熟語パズル

問題

□に漢字一字を入れて、二字熟語をそれぞれ4つ作ってみよう。

例

	解	
風	和	室
	服	

答え 和［和解　和室
和服　和風

1

	言	
行	□	固
	裁	

2

	位	
先	□	秀
	勝	

3

	散	
党	□	職
	脱	

4

	達	
来	□	着
	底	

答え **1** 断　**2** 優　**3** 離　**4** 到

補習授業

新出配当漢字／［出る順］ランキング

313字

※例文の書き取り問題は、見出しの漢字を使ってください
※４級の配当漢字を部首ごとに分けて収録しています。▒は頻出度の高い漢字
※読みは原則として音読みをカタカナで、訓読みをひらがなで、送りがなは（　）に入れて示しています。高は高校で習う読み

4級新出配当漢字対策

部首｜漢字｜読み

いち　一

丈
- ジョウ／たけ
- **ジョウブ**な体。［丈夫］
- **セタケ**がのびる。［背丈］

与
- ヨ／あた(える)
- 選挙で**ヨトウ**が勝つ。［与党］
- 事件に**カンヨ**する。［関与］

丘
- キュウ／おか
- **サキュウ**を歩く。［砂丘］

てん　丶

丹
- タン
- **タンネン**に調べる。［丹念］
- **タンセイ**して育てる。［丹精］

おつ　乙

乾
- カン／かわ(かす)／かわ(く)
- 空気が**カンソウ**する。［乾燥］
- 旧友と**カンパイ**する。［乾杯］

に　二

互
- ゴ／たが(い)
- **ゴカク**に渡り合う。［互角］
- 男女が**コウゴ**に並ぶ。［交互］

にんべん　亻

仰
- ギョウ／コウ／あお(ぐ)／おお(せ)(高)
- **ギョウテン**の真実。［仰天］
- **シンコウ**心が厚い。［信仰］

伺
- シ(高)／うかが(う)
- 話を**ウカガ**う。［伺］

依
- イ／エ(高)
- **イゼン**として不明だ。［依然］
- 調査を**イライ**する。［依頼］

侵
- シン／おか(す)
- 人権の**シンガイ**。［侵害］
- 領空を**シンパン**する。［侵犯］

俗
- ゾク
- **テイゾク**なドラマ。［低俗］
- 郷土の**ミンゾク**舞踊。［民俗］

倒
- トウ／たお(す)／たお(れる)
- 抱腹絶**トウ**の喜劇。［倒］
- 七転八**トウ**の半生。［倒］

四字熟語 抱腹絶倒(ほうふくぜっとう)… 転げ回るほど大笑いすること。

部首 漢字 読み

にんべん 亻

偉
イ
えら(い)
イギョウをたたえる。［偉業］
寺院が**イヨウ**を誇る。［偉容］

傍
ボウ
かたわ(ら) 高
ロボウの石仏を拝む。［路傍］
ボウセンを引く。［傍線］

傾
ケイ
かたむ(く)
かたむ(ける)
ケイシャの急な坂道。［傾斜］
増加**ケイコウ**にある。［傾向］

僧
ソウ
ロウソウに尋ねる。［老僧］

儀
ギ
式典で**イギ**を正す。［威儀］
後始末に**ナンギ**する。［難儀］

ひとやね 人

介
カイ
病人を**カイホウ**する。［介抱］
祖父を**カイゴ**する。［介護］

はち 八

兼
ケン
か(ねる)
役職を**ケンム**する。［兼務］
才色**ケン**備の姉妹。［兼］

つくえ 几

凡
ハン 高
ボン
ヘイボンな暮らし。［平凡］
ヒボンな才能を示す。［非凡］

うけばこ 凵

凶
キョウ
キョウボウな犯人。［凶暴］
全国的な**キョウサク**。［凶作］

りっとう 刂

刈
か(る)
イネカりの最盛期。［稲刈］

刺
シ
さ(さる)
さ(す)
世相を**フウシ**する。［風刺］
友に**シゲキ**を受ける。［刺激］

到
トウ
目標に**トウタツ**する。［到達］
時節**トウ**来を待つ。［到］

剣
ケン
つるぎ
シンケンに取り組む。［真剣］
日本一の**ケンゴウ**。［剣豪］

剤
ザイ
ヤクザイを散布する。［薬剤］
服を**センザイ**に浸す。［洗剤］

ちから 力

劣
レツ
おと(る)
ユウレツを争う。［優劣］
レツアクな労働環境。［劣悪］

勧
カン
すす(める)
避難を**カンコク**する。［勧告］

四字熟語 時節到来(じせつとうらい)…良い機会がやってくること。

かくしがまえ 匸

匹
ヒツ
ひき

名人に**ヒッテキ**する。［匹敵］
魚を**イッピキ**焼く。［一匹］

と・うらない 卜

占
セン
うらな(う)
し(める)

人気を**ドクセン**する。［独占］
建物を**センキョ**する。［占拠］

わりふ・ふしづくり 卩

却
キャク

タイキャクを命じる。［退却］
訴えを**キャッカ**する。［却下］

即
ソク

一触**ソク**発の危機。［即］
ソク断**ソッ**決する。［即、即］

また 又

及
キュウ
およ(び)
およ(ぶ)
およ(ぼす)

商品が**フキュウ**する。［普及］
ゲンキュウを避ける。［言及］

くち 口

召
ショウ
め(す)

着物をお**メ**しになる。［召］

含
ガン
ふく(む)
ふく(める)

ガンチクのある言葉。［含蓄］
鉄分を**ガンユウ**する。［含有］

唐
トウ
から

トウトツな話に驚く。［唐突］
ケントウシを送る。［遣唐使］

くちへん 口

叫
キョウ
さけ(ぶ)

ゼッキョウが響く。［絶叫］

吐
ト
は(く)

青息**ト**息の経営。［吐］
心情を**トロ**する。［吐露］

吹
スイ
ふ(く)

国歌を**スイソウ**する。［吹奏］
カミフブキが舞う。［紙吹雪］

咲
さ(く)

オソザきの桜。［遅咲］

嘆
タン
なげ(く)
なげ(かわしい)

ヒタンに暮れる。［悲嘆］
妙技に**カンタン**する。［感嘆］

噴
フン
ふ(く)

火山が**フンカ**する。［噴火］
水が**フンシュツ**する。［噴出］

くにがまえ 囗

圏
ケン

合格**ケンナイ**に入る。［圏内］
アンゼンケンに入る。［安全圏］

つち 土

執
シツ
シュウ
と(る)

小説を**シッピツ**する。［執筆］
名医が**シットウ**する。［執刀］

四字熟語 即断即決(そくだんそっけつ)…その場できっぱり決めること。

部首｜漢字｜読み

土 つち

堅
ケン／かた(い)

ケンジツに経営する。［堅実］

意志**ケン**固を通す。［堅］

壁
ヘキ／かべ

ヘキガを修復する。［壁画］

金城鉄**ペキ**の守り。［壁］

土 つちへん

坊
ボウ／ボッ

ネボウして遅刻する。［寝坊］

堤
テイ／つつみ

トッテイで波を防ぐ。［突堤］

テイボウが決壊する。［堤防］

土 つちへん

塔
トウ

テットウに落雷する。［鉄塔］

壊
カイ／こわ(す)／こわ(れる)

自然が**ハカイ**される。［破壊］

家屋が**トウカイ**する。［倒壊］

士 さむらい

壱
イチ

金**イチ**万円也と書く。［壱］

大 だい

奇
キ

キバツな発想をする。［奇抜］

キ想天外なアイデア。［奇］

大 だい

奥
オウ 高／おく

オクバをかみしめる。［奥歯］

心の**オクソコ**。［奥底］

女 おんな

威
イ

神前で**イギ**を正す。［威儀］

イセイのよいかけ声。［威勢］

女 おんなへん

奴
ド

ドレイ解放。［奴隷］

妙
ミョウ

ゼツミョウな演技。［絶妙］

ミョウアンが浮かぶ。［妙案］

姓
ショウ／セイ

キュウセイを名乗る。［旧姓］

ドウセイの友人。［同姓］

娘
むすめ

ムスメを育てる。［娘］

婚
コン

ミコン率が上がる。［未婚］

妹の**コンヤク**を祝う。［婚約］

宀 うかんむり

寂
ジャク／セキ 高／さび／さび(しい)／さび(れる)

セイジャクを破る。［静寂］

四字熟語　奇想天外(きそうてんがい)…思いもよらない変わった考え。

部首
漢字
読み

寝　宀 うかんむり

シン
ね(かす)
ね(る)

早く**シュウシン**する。［就寝］
ネイキを立てる。［寝息］

尋　寸 すん

ジン
たず(ねる)

ジンジョウではない。［尋常］
証人を**ジンモン**する。［尋問］

尽　尸 かばね・しかばね

ジン
つ(かす)
つ(きる)
つ(くす)

一網打**ジン**にする。［尽］
縦横無**ジン**の活躍。［尽］

尾　尸 かばね・しかばね

ビ
お

文の**シュビ**を整える。［首尾］
行列の**マツビ**に並ぶ。［末尾］

屈　尸 かばね・しかばね

クツ

国内**クッシ**の強打者。［屈指］
フクツの精神で戦う。［不屈］

峠　山 やまへん

とうげ

トウゲを越える。［峠］

峰　山 やまへん

ホウ
みね

レンポウを踏破する。［連峰］

巡　巛 かわ

ジュン
めぐ(る)

町を**ジュンカイ**する。［巡回］
地方**ジュンギョウ**。［巡業］

巨　工 え・たくみ

キョ

キョダイな岩。［巨大］
キョタイの力士。［巨体］

幅　巾 はばへん・きんべん

フク
はば

道路を**カクフク**する。［拡幅］
不安が**ゾウフク**する。［増幅］

帽　巾 はばへん・きんべん

ボウ

熱意に**ダツボウ**する。［脱帽］
ボウシを深くかぶる。［帽子］

幾　幺 よう・いとがしら

キ
いく

イクタの苦難を経る。［幾多］
まだ**イクブン**寒い。［幾分］

床　广 まだれ

ショウ
とこ
ゆか

早めに**キショウ**する。［起床］
ビョウショウにふす。［病床］

弐　弋 しきがまえ

ニ

金**二**万円也と書く。［弐］

弾　弓 ゆみへん

ダン
たま
はず(む)
ひ(く)

ダンリョク性に富む。［弾力］
バクダンを投下する。［爆弾］

彩　彡 さんづくり

サイ
いろど(る) 高

シキサイの美しい絵。［色彩］
タサイな顔ぶれ。［多彩］

四字熟語　一網打尽（いちもうだじん）…一度に悪人を捕らえること。

部首 / 漢字 / 読み

さんづくり 彡

影
エイ
かげ

画面に**トウエイ**する。
エイキョウを及ぼす。

[投影] [影響]

ぎょうにんべん 彳

征
セイ

海外に**エンセイ**する。
高峰を**セイフク**する。

[遠征] [征服]

彼
ヒ
かの
かれ

ヒガンに墓参りする。
カノジョは医者だ。

[彼岸] [彼女]

御
ギョ
ゴ
おん

ボウギョを固める。
感情を**セイギョ**する。

[防御] [制御]

微
ビ

ビサイに描写する。
ビリョウの鉄を含む。

[微細] [微量]

徴
チョウ

会費の**チョウシュウ**。
平和の**ショウチョウ**。

[徴収] [象徴]

りっしんべん 忄

忙
ボウ
いそが(しい)

ハンボウを極める。
ボウサツされる毎日。

[繁忙] [忙殺]

怖
フ
こわ(い)

キョウフを覚える。

[恐怖]

恒
コウ

コウキュウの平和。
コウセイが光り輝く。

[恒久] [恒星]

悩
ノウ
なや(ます)
なや(む)

クノウに満ちた顔。

[苦悩]

惨
サン
ザン 高
みじ(め) 高

事故の**サンジョウ**。
ヒサンな事件。

[惨状] [悲惨]

慎
シン
つつし(む)

シンチョウに考える。

[慎重]

慢
マン

マンシンが生じる。
腕前を**ジマン**する。

[慢心] [自慢]

憶
オク

ツイオクにふける。
オクソクを呼ぶ。

[追憶] [憶測]

てへん 扌

払
フツ 高
はら(う)

全員**デハラ**っている。
料金の**マエバラ**い。

[出払] [前払]

扱
あつか(う)

大切に**アツカ**う。

[扱]

対義語 巨大⇔微細

部首 | 漢字 | 読み

てへん 扌

抗
コウ
不可**コウ**力の事故。　[抗]
両親に**ハンコウ**する。　[反抗]

抜
バツ
ぬ(かす)
ぬ(かる)
ぬ(く)
ぬ(ける)
バツグンの成績。　[抜群]
キバツな発想をする。　[奇抜]

押
オウ 高
お(さえる)
お(す)
有力者の**アトオ**し。　[後押]

拠
キョ
コ
コンキョを示す。　[根拠]
活動の**キョテン**。　[拠点]

拓
タク
販路を**カイタク**する。　[開拓]
沼を**カンタク**する。　[干拓]

抵
テイ
法に**テイショク**する。　[抵触]
権力に**テイコウ**する。　[抵抗]

拍
ハク
ヒョウ
ハクシュを送る。　[拍手]
ハクシャをかける。　[拍車]

抱
ホウ
いだ(く)
かか(える)
だ(く)
手厚く**カイホウ**する。　[介抱]
一年の**ホウフ**を語る。　[抱負]

振
シン
ふ(る)
ふ(るう)
ふ(れる)
業績**フシン**の会社。　[不振]
ハブりをきかす。　[羽振]

捕
ホ
つか(まえる) つか(まる)
と(らえる)
と(らわれる)
と(る)
クマを**ホカク**する。　[捕獲]
外野が**ホキュウ**する。　[捕球]

掘
クツ
ほ(る)
石炭を**サイクツ**する。　[採掘]
遺跡の**トウクツ**。　[盗掘]

描
ビョウ
えが(く)
か(く)
心理**ビョウシャ**。　[描写]

握
アク
にぎ(る)
アクリョクを測る。　[握力]
アクシュを交わす。　[握手]

援
エン
熱烈に**オウエン**する。　[応援]
キュウエン物資。　[救援]

搬
ハン
荷物を**ウンパン**する。　[運搬]
絵を**ハンニュウ**する。　[搬入]

摘
テキ
つ(む)
要点の**テキシュツ**。　[摘出]
脱税を**テキハツ**する。　[摘発]

四字熟語 不可抗力(ふかこうりょく)…人の力ではどうしても防げないこと。

部首｜漢字｜読み

さんずい 氵

汚

オ
きたな(い)　けが(す) 高
けが(らわしい) 高
けが(れる) 高
よご(す)　よご(れる)

河川を**オダク**する。［汚濁］
経歴に**オテン**を残す。［汚点］

汗

カン
あせ

運動で**ハッカン**する。［発汗］
アブラアセを流す。［脂汗］

沢

タク
さわ

サワノボりを楽しむ。［沢登］
コウタクを出す。［光沢］

沈

チン
しず(む)
しず(める)

独り**チン**思黙考する。［沈］
意気消**チン**する。［沈］

況

キョウ

満員の**セイキョウ**。［盛況］
キンキョウを伝える。［近況］

沼

ショウ 高
ぬま

魚が**ヌマ**に生息する。［沼］

泊

ハク
と(まる)
と(める)

港に**テイハク**する。［停泊］
タンパクな味付け。［淡泊］

浸

シン
ひた(す)
ひた(る)

文化が**シントウ**する。［浸透］
ミズビタしになる。［水浸］

浜

ヒン
はま

海岸の**スナハマ**。［砂浜］
ハマベを散歩する。［浜辺］

浮

フ
う(かぶ)
う(かべる)
う(かれる)
う(く)

首位に**フジョウ**する。［浮上］
フチンをかけた戦い。［浮沈］

涙

ルイ
なみだ

カンルイにむせぶ。［感涙］
思わず**ラクルイ**する。［落涙］

淡

タン
あわ(い)

ノウタンをつける。［濃淡］
レイタンにあしらう。［冷淡］

添

テン
そ(う)
そ(える)

保存料を**テンカ**する。［添加］
資料を**テンプ**する。［添付］

渡

ト
わた(す)
わた(る)

縁談の**ハシワタ**し役。［橋渡］
海外へ**トコウ**する。［渡航］

溶

ヨウ
と(かす)
と(く)
と(ける)

金属を**ヨウセツ**する。［溶接］
ヨウエキを薄める。［溶液］

滴

テキ
しずく
したた(る) 高

スイテキが落ちる。［水滴］
テンテキを打つ。［点滴］

四字熟語　沈思黙考(ちんしもっこう)…黙ってじっと考え込むこと。

さんずい 氵

漫
マン

注意散**マン**な運転。［漫］

マンゼンとながめる。［漫然］

澄
チョウ 高

す(ます)

す(む)

耳を**ス**ます。［澄］

濁
ダク

にご(す)

にご(る)

湖水の水質**オダク**。［汚濁］

セイダクあわせのむ。［清濁］

濃
ノウ

こ(い)

微妙な味の**ノウタン**。［濃淡］

ノウムが立ち込める。［濃霧］

けものへん 犭

狂
キョウ

くる(う)

くる(おしい)

キョウ喜乱舞する。［狂］

ネッキョウ的な観客。［熱狂］

狭
キョウ 高

せば(まる)

せば(める)

せま(い)

店が**テゼマ**になる。［手狭］

狩
シュ

か(り)

か(る)

山中で獲物を**カ**る。［狩］

猛
モウ

モウショ日が続く。［猛暑］

モウレツに勉強する。［猛烈］

獲
カク

え(る)

賞金を**カクトク**する。［獲得］

サルを**ホカク**する。［捕獲］

くさかんむり 艹

芋
いも

サトイモを煮る。［里芋］

イモホり遠足。［芋掘］

芝
しば

シバイを見に行く。［芝居］

隣の**シバフ**は青い。［芝生］

茂
モ

しげ(る)

雑草が**ハンモ**する。［繁茂］

荒
コウ

あ(らす)

あ(れる)

あら(い)

アラナミにもまれる。［荒波］

コウヤを開拓する。［荒野］

菓
カ

セイカ工場に勤める。［製菓］

ヨウガシを作る。［洋菓子］

蓄
チク

たくわ(える)

チョチクを殖やす。［貯蓄］

ガンチクのある言葉。［含蓄］

薪
シン

たきぎ

山で**タキギ**を拾う。［薪］

四字熟語 狂喜乱舞（きょうきらんぶ）…非常に喜ぶ様子。

部首｜漢字｜読み

くさかんむり 艹

薄　ハク　うす(い)　うす(める)　うす(まる)　うす(れる)　うす(らぐ)
- **ハクジョウ**な仕打ち。［薄情］
- **ハク**利多売の商法。［薄　］

しんにょう・しんにゅう 辶

込　こ(む)　こ(める)
- 成功の**ミコ**みはない。［見込］

迎　ゲイ　むか(える)
- バスで**ソウゲイ**する。［送迎］
- 訪問を**カンゲイ**する。［歓迎］

迫　ハク　せま(る)
- **ハクリョク**に欠ける。［迫力］
- 生活を**アッパク**する。［圧迫］

逃　トウ　に(がす)　に(げる)　のが(す)　のが(れる)
- 犯人が**トウボウ**する。［逃亡］
- 現実から**トウヒ**する。［逃避］

途　ト
- **ベット**考慮する。［別途］
- 飛行機で**キト**に就く。［帰途］

透　トウ　す(かす)　す(く)　す(ける)
- 雨水が**シントウ**する。［浸透］
- 中身を**トウシ**する。［透視］

遅　チ　おく(らす)　おく(れる)　おそ(い)
- 会議に**チコク**する。［遅刻］
- **チソク**を競う。［遅速］

違　イ　ちが(う)　ちが(える)
- 意見が**ソウイ**する。［相違］
- **イヤク**金を支払う。［違約］

遣　ケン　つか(う)　つか(わす)
- **コヅカ**いをもらう。［小遣］
- 大使を**ハケン**する。［派遣］

避　ヒ　さ(ける)
- **ヒショ**地で過ごす。［避暑］
- 現実から**トウヒ**する。［逃避］

おおざと 阝

郎　ロウ
- **シンロウ**を祝福する。［新郎］

こざとへん 阝

陣　ジン
- 首相が**タイジン**する。［退陣］
- **エンジン**を組む。［円陣］

陰　イン　かげ　かげ(る)
- **インヨウ**の調和。［陰陽］
- **モノカゲ**に身を隠す。［物陰］

隠　イン　かく(す)　かく(れる)
- **インキョ**生活に入る。［隠居］
- **インゼン**たる影響力。［隠然］

隣　リン　とな(る)　となり
- 駅に**リンセツ**する。［隣接］
- **キンリン**の住民。［近隣］

四字熟語　薄利多売(はくりたばい)…少ない利益で品物を多く売る商法。

部首 ｜ 漢字 ｜ 読み

こころ 心

怒
ド
いか(る)
おこ(る)

悪口に**ゲキド**する。［激怒］
ドゴウが飛び交う。［怒号］

恐
キョウ
おそ(れる)
おそ(ろしい)

キョウフで泣き叫ぶ。［恐怖］
キョウシュクする。［恐縮］

恵
エ
ケイ
めぐ(む)

オンケイに浴する。［恩恵］
解決に**チエ**をしぼる。［知恵］

恥
チ
は(じらう)
は(じる)
は(ずかしい)
はじ

ムチな言動を戒める。［無恥］

恋
レン
こ(う)
こい
こい(しい)

ヒレンを描いた物語。［悲恋］
コイビトに文を書く。［恋人］

惑
ワク
まど(う)

要求に**コンワク**する。［困惑］
フワクの年に達する。［不惑］

慮
リョ

シリョに欠ける。［思慮］
弱者に**ハイリョ**する。［配慮］

ほこづくり・ほこがまえ 戈

戒
カイ
いまし(める)

高波を**ケイカイ**する。［警戒］
一罰百**カイ**の効果。［　戒］

ほこづくり・ほこがまえ 戈

戯
ギ
たわむ(れる) 高

ユウギ広場で楽しむ。［遊戯］
ギキョクを上演する。［戯曲］

とだれ・とかんむり 戸

扇
セン
おうぎ

センスであおぐ。［扇子］
センプウキを回す。［扇風機］

て 手

撃
ゲキ
う(つ)

ホウゲキを浴びせる。［砲撃］
事故を**モクゲキ**する。［目撃］

のぶん・ぼくづくり 攵

攻
コウ
せ(める)

コウボウが続く。［攻防］
コウシュ所を変える。［攻守］

のぶん・ぼくづくり 攵

敏
ビン

エイビンに感じ取る。［鋭敏］
ビンソクに対応する。［敏速］

敷
フ 高
し(く)

シキモノを広げる。［敷物］
ヤシキに招かれる。［屋敷］

とます 斗

斜
シャ
なな(め)

ケイシャのゆるい坂。［傾斜］
シャメンを転がる。［斜面］

ひ 日

旨
シ
むね 高

論**シ**明快な説明。［　旨］
シュシに賛同する。［趣旨］

四字熟語 論旨明快(ろんしめいかい)…意見がはっきりして筋道が通っていること。

部首	漢字	読み	例文	熟語
日 ひ	旬	シュン / ジュン	来月**チュウジュン**。 四月**ショジュン**。	［中旬］［初旬］
	是	ゼ	改革の**ゼヒ**を問う。 計画を**ゼニン**する。	［是非］［是認］
	普	フ	パソコンの**フキュウ**。 **フツウ**のやり方。	［普及］［普通］
	暦	レキ / こよみ	**キュウレキ**の正月。 **セイレキ**二〇〇〇年。	［旧暦］［西暦］
	曇	ドン / くも(る)	**ドンテン**を見上げる。	［曇天］
日 ひへん	暇	カ / ひま	長い**キュウカ**を取る。 **スンカ**をおしむ。	［休暇］［寸暇］
曰 ひらび・いわく	更	コウ / さら / ふ(かす) 高 / ふ(ける) 高	**コウイ**室で着替える。 予定を**ヘンコウ**する。	［更衣］［変更］
	冒	ボウ / おか(す)	会議の**ボウトウ**。 旅先で**ボウケン**する。	［冒頭］［冒険］
曰 ひらび・いわく	替	タイ / か(える) / か(わる)	運転を**コウタイ**する。 円に**リョウガエ**する。	［交替］［両替］
木 き	朱	シュ	**シュニク**をつける。 橋を**シュイロ**にぬる。	［朱肉］［朱色］
	柔	ジュウ / ニュウ / やわ(らか) / やわ(らかい)	**ニュウワ**な表情。 優**ジュウ**不断な性格。	［柔和］［柔］
木 きへん	朽	キュウ / く(ちる)	**フキュウ**の名作。 **ロウキュウ**化した船。	［不朽］［老朽］
	杯	ハイ / さかずき	友人と**カンパイ**する。 **シュクハイ**をあげる。	［乾杯］［祝杯］
	枯	コ / か(らす) / か(れる)	国の**エイコ**せいすい。 虫害で木が**コシ**する。	［栄枯］［枯死］
	柄	ヘイ 高 / え / がら	戦で**テガラ**を立てる。 重要な**コトガラ**。	［手柄］［事柄］
	桃	トウ / もも	**トウゲンキョウ**。［桃源郷・桃源境］ **モモイロ**の花が咲く。	［桃色］

四字熟語 **是非善悪**（ぜひぜんあく）… **物事のよしあし。**

部首 / 漢字 / 読み

きへん　木

欄

ラン

クウランに記入する。

[空欄]

あくび・かける　欠

歓

カン

カンキにわき返る。
カンコの声が上がる。

[歓喜]　[歓呼]

とめる　止

歳

サイ
セイ

十年の長い**サイゲツ**。
サイマツ大売り出し。

[歳月]　[歳末]

かばねへん・いちたへん・がつへん　歹

殖

ショク
ふ(える)
ふ(やす)

外来種の**ゾウショク**。
鳥が**ハンショク**する。

[増殖]　[繁殖]

るまた・ほこづくり　殳

殿

テン
デン
との
どの

音楽の**デンドウ**。
ゴテンのような屋敷。

[殿堂]　[御殿]

ひへん　火

煙

エン
けむ(い)
けむ(る)
けむり

キンエンを勧める。
エントツが林立する。

[禁煙]　[煙突]

燥

ソウ

空気が**カンソウ**する。

[乾燥]

爆

バク

火山が**バクハツ**する。
バクダンが落ちる。

[爆発]　[爆弾]

れんが・れっか　灬

為

イ

人の世の有**イ**転変。
サクイの跡が見える。

[　為　]　[作為]

烈

レツ

ネツレツな声援。
モウレツな風が吹く。

[熱烈]　[猛烈]

煮

シャ　高
に(える)
に(やす)
に(る)

大根の**ニモノ**を作る。
アユの**カンロニ**。

[煮　物]　[甘露煮]

いぬ　犬

獣

ジュウ
けもの

人面**ジュウ**心の悪党。
ジュウイを志す。

[　獣　]　[獣医]

おうへん・たまへん　王

珍

チン
めずら(しい)

前代未聞の**チンジ**。
チンキな発想。

[珍事]　[珍奇]

環

カン

自然**カンキョウ**。
衆人**カン**視の中。

[環境]　[　環　]

しめすへん　礻

祈

キ
いの(る)

合格を**キガン**する。
平和を**キネン**する。

[祈願]　[祈念]

にくづき　月

肪

ボウ

シボウ分の多い食材。

[脂肪]

四字熟語　無味乾燥(むみかんそう)…内容がなく面白みもないこと。

部首　漢字　読み

にくづき 月

脂
シ
あぶら

植物性の**ユシ**。
アブラアセがにじむ。
［油脂］［脂汗］

胴
ドウ

主将を**ドウア**げする。
ドウマワりを測る。
［胴上］［胴回］

脚
キャ 高
キャク
あし

大臣の**シッキャク**。
ケンキャクを競う。
［失脚］［健脚］

脱
ダツ
ぬ(ぐ)
ぬ(げる)

妙技に**ダツボウ**する。
組織を**リダツ**する。
［脱帽］［離脱］

腕
ワン
うで

ワンショウをつける。
ビンワンを振るう。
［腕章］［敏腕］

腰
ヨウ 高
こし

ホンゴシを入れる。
つい**ヨワゴシ**になる。
［本腰］［弱腰］

にく 肉

肩
ケン 高
かた

娘を**カタグルマ**する。
カタババの広い男性。
［肩車］［肩幅］

腐
フ
くさ(らす)
くさ(る)
くさ(れる)

食品が**フハイ**する。
金属が**フショク**する。
［腐敗］［腐食］

にく 肉

膚
フ

ヒフが赤くはれる。
カンプなきまでに。
［皮膚］［完膚］

げん 玄

玄
ゲン

ゲンマイをたく。
ゲンカンに花を飾る。
［玄米］［玄関］

かん・あまい 甘

甘
カン
あま(い)
あま(える)
あま(やかす)

カンゲンに乗る。
大の**アマトウ**だ。
［甘言］［甘党］

た 田

畳
ジョウ
たた(む)
たたみ

イシダタミの参道。
［石畳］

やまいだれ 疒

疲
ヒ
つか(れる)

ヒロウを回復する。
［疲労］

療
リョウ

自宅**リョウヨウ**。
イリョウに従事する。
［療養］［医療］

しろ 白

皆
カイ
みな

カイキン賞をもらう。
カイムに等しい。
［皆勤］［皆無］

さら 皿

盆
ボン

ボンチに暮らす。
ボンオドり大会。
［盆地］［盆踊］

四字熟語　二人三脚(ににんさんきゃく)…二人が協力して物事に取り組むこと。

皿 さら

盗
トウ
ぬす(む)

墓が**トウクツ**される。
トウナンを防止する。

[盗掘]
[盗難]

監
カン

辞典の**カンシュウ**。
店内を**カンシ**する。

[監修]
[監視]

盤
バン

ジョバンでつまずく。
生活の**キバン**を失う。

[序盤]
[基盤]

目 め

盾
ジュン
たて

ムジュンを指摘する。

[矛盾]

目 めへん

眠
ミン
ねむ(い)
ねむ(る)

百歳で**エイミン**する。
アンミンのさまたげ。

[永眠]
[安眠]

瞬
シュン
またた(く) 高

決定的な**シュンカン**。
イッシュンのすき。

[瞬間]
[一瞬]

矛 ほこ

矛
ム
ほこ

ホコサキが鈍る。
ムジュンをつく。

[矛先]
[矛盾]

石 いしへん

砲
ホウ

ホウゲキを加える。
ホウガン投げの選手。

[砲撃]
[砲丸]

禾 のぎ

秀
シュウ
ひい(でる) 高

ユウシュウな成績。
交響曲の**シュウサク**。

[優秀]
[秀作]

禾 のぎへん

称
ショウ

アイショウで呼ぶ。
ショウサンを浴びる。

[愛称]
[称賛]

稲
トウ
いな
いね

イネカりの季節。
イナサク農家。

[稲刈]
[稲作]

稿
コウ

新聞に**キコウ**する。
イコウ集を出版する。

[寄稿]
[遺稿]

穴 あなかんむり

突
トツ
つ(く)

エントツが立ち並ぶ。
トウトツな話に驚く。

[煙突]
[唐突]

立 たつへん

端
タン
は 高
はし
はた

容姿**タン**麗な女性。
多事多**タン**な日々。

[端]
[端]

罒 あみがしら・あみめ・よこめ

罰
バチ
バツ

信賞必**バツ**の方針。
ショウバツを課す。

[罰]
[賞罰]

衤 ころもへん

被
ヒ
こうむ(る)

多大な**ヒガイ**が出る。
ヒコク人を尋問する。

[被害]
[被告]

四字熟語 信賞必罰（しんしょうひつばつ）…賞罰を厳格に行うこと。

部首 ｜ 漢字 ｜ 読み

たけかんむり ⺮

箇
カ

カジョウ書きにする。［箇条］
故障**カショ**を調べる。［箇所］

範
ハン

後輩に**モハン**を示す。［模範］
社会の**キハン**に従う。［規範］

こめへん 米

粒
リュウ
つぶ

リュウシがあらい。［粒子］
マメツブほどの幼虫。［豆粒］

いと 糸

紫
シ
むらさき

山**シ**水明の地。［紫］
ムラサキイロの花。［紫色］

いと 糸

繁
ハン

ツタが**ハンモ**する。［繁茂］
ハンボウを極める。［繁忙］

いとへん 糸

紋
モン

ハモンが広がる。［波紋］
シモンを採取する。［指紋］

紹
ショウ

親に**ショウカイ**する。［紹介］

絡
ラク
から(まる) 高
から(む) 高
から(める) 高

ミャクラクのない話。［脈絡］
用件を**レンラク**する。［連絡］

継
ケイ
つ(ぐ)

研究を**ケイゾク**する。［継続］
技を**ケイショウ**する。［継承］

維
イ

現状**イ**持に努める。［維］

網
モウ
あみ

一**モウ**打尽にする。［網］
アミドを取り付ける。［網戸］

縁
エン
ふち

親類と**ゼツエン**する。［絶縁］
エンニチでにぎわう。［縁日］

緯
イ

ケイイを説明する。［経緯］
ホクイ九十度の付近。［北緯］

繰
く(る)

日程を**ク**り延べる。［繰］

はね 羽

翼
ヨク
つばさ

小心**ヨク**々とする。［翼］
飛行機の**ビヨク**。［尾翼］

しかして・しこうして 而

耐
タイ
た(える)

タイシン補強する。［耐震］
タイネツ性の容器。［耐熱］

四字熟語 山紫水明(さんしすいめい)… 自然の光景が美しく清らかなこと。

部首　漢字　読み

至 いたる

致
チ
いた(す)

言行一**チ**の政治家。［一致］
大会を**ショウチ**する。［招致］

舌 した

舗
ホ

テンポを構える。［店舗］
歩道を**ホソウ**する。［舗装］

舟 ふね

舟
シュウ
ふな
ふね

湖に**フネ**を浮かべる。［舟］

舟 ふねへん

般
ハン

イッパン論を述べる。［一般］

衣 ころも

襲
シュウ
おそ(う)

敵の**ギャクシュウ**。［逆襲］
台風の**シュウライ**。［襲来］

角 つのへん

触
ショク
さわ(る)
ふ(れる)

一**ショク**即発の状態。［一触］
法に**テイショク**する。［抵触］

言 げん

誉
ヨ
ほま(れ)

エイヨに輝く。［栄誉］
メイヨを回復する。［名誉］

言 ごんべん

訴
ソ
うった(える)

将軍に**ジキソ**する。［直訴］
容疑者を**キソ**する。［起訴］

詰
キツ 高
つ(まる)
つ(む)
つ(める)

果物を**ハコヅ**めする。［箱詰］
オオヅめを迎える。［大詰］

誇
コ
ほこ(る)

事実を**コチョウ**する。［誇張］
武力を**コジ**する。［誇示］

詳
ショウ
くわ(しい)

ショウサイに調べる。［詳細］
事故の**ショウホウ**。［詳報］

謡
ヨウ
うた(う) 高
うたい 高

カヨウ曲を聞く。［歌謡］
ヨウキョクを習う。［謡曲］

豕 ぶた・いのこ

豪
ゴウ

世界有数の大**フゴウ**。［富豪］
ゴウウに見舞われる。［豪雨］

貝 かいへん

販
ハン

ハンロを広げる。［販路］
シハンのかぜ薬。［市販］

賦
フ

テンプの才を持つ。［天賦］

贈
ソウ
ゾウ
おく(る)

市に絵を**キゾウ**する。［寄贈］

四字熟語　一触即発(いっしょくそくはつ)…危機に直面していること。

部首／漢字／読み

そうにょう 走

越

エツ
こ(える)
こ(す)

難民の**エッキョウ**。［越境］

暖地で**エットウ**する。［越冬］

趣

シュ
おもむき

シュシに賛同する。［趣旨］

シュミを楽しむ。［趣味］

あしへん 𧾷

距

キョ

キョリを測る。［距離］

跡

セキ
あと

犯人を**ツイセキ**する。［追跡］

名所旧**セキ**を訪ねる。［跡］

跳

チョウ
と(ぶ)
は(ねる)

チョウヤク競技。［跳躍］

チョウバの演技。［跳馬］

踊

ヨウ
おど(り)
おど(る)

日本**ブヨウ**を習う。［舞踊］

ボンオドりに行く。［盆踊］

踏

トウ
ふ(まえる)
ふ(む)

人跡未**トウ**の秘境。［踏］

前例の**トウシュウ**。［踏襲］

躍

ヤク
おど(る)

高く**チョウヤク**する。［跳躍］

ヒヤク的に向上する。［飛躍］

くるま 車

載

サイ
の(せる)
の(る)

貨物を**セキサイ**する。［積載］

レンサイ小説を読む。［連載］

輝

キ
かがや(く)

コウキある伝統。［光輝］

輩

ハイ

コウハイを指導する。［後輩］

センパイに相談する。［先輩］

くるまへん 車

軒

ケン
のき

ノキサキを借りる。［軒先］

ノキシタに巣を作る。［軒下］

くるまへん 車

較

カク

ヒカク検討する。［比較］

のごめへん 釆

釈

シャク

シャクメイの会見。［釈明］

シャクゼンとしない。［釈然］

まいあし 舛

舞

ブ
ま(う)
まい

勝利に狂喜乱**ブ**する。［舞］

晴れの**ブタイ**に立つ。［舞台］

かねへん 金

鈍

ドン
にぶ(い)
にぶ(る)

流行に**ドンカン**だ。［鈍感］

ドンツウを感じる。［鈍痛］

四字熟語 名所旧跡（めいしょきゅうせき）…景色や城跡などが名高いところ。

かねへん 釒

鉛
エン
なまり
ナマリイロの空。
［鉛色］

鋭
エイ
するど(い)
エイビンな感受性。
エイカクに曲がる。
［鋭敏］
［鋭角］

鎖
サ
くさり
工場を**ヘイサ**する。
レンサ的に起きる。
［閉鎖］
［連鎖］

鑑
カン
かんが(みる) 高
筆跡を**カンテイ**する。
インカンを押す。
［鑑定］
［印鑑］

もんがまえ 門

闘
トウ
たたか(う)
トウ志満々の顔。
力戦奮**トウ**する。
［闘］
［闘］

れいづくり 隶

隷
レイ
大国に**レイゾク**する。
［隷属］

ふるとり 隹

雄
ユウ
お
おす
シユウを決する。
ユウダイな自然。
［雌雄］
［雄大］

雅
ガ
ガゾク混交。
ユウガな生活を送る。
［雅俗］
［優雅］

ふるとり 隹

雌
シ
め
めす
シユウを鑑別する。
［雌雄］

離
リ
はな(す)
はな(れる)
リゴウを繰り返す。
戦列から**リダツ**する。
［離合］
［離脱］

あめかんむり ⻗

雷
ライ
かみなり
付和**ライ**同する。
大木に**ラクライ**した。
［雷］
［落雷］

需
ジュ
ジュヨウが落ち込む。
ヒツジュ品を買う。
［需要］
［必需］

震
シン
ふる(う)
ふる(える)
タイシン工事をする。
ヨシンが続く。
［耐震］
［余震］

霧
ム
きり
五里**ム**中の状態。
ノウムに包まれる。
［霧］
［濃霧］

露
ロ
ロウ
つゆ
胸の内を**トロ**する。
ロテンが立ち並ぶ。
［吐露］
［露店］

しょくへん 飠

飾
ショク
かざ(る)
フクショクデザイン。
カミカザりを付ける。
［服飾］
［髪飾］

四字熟語 闘志満々(とうしまんまん)…闘争心に満ちあふれていること。

部首｜漢字｜読み

音　おと

響

キョウ
ひび(く)

ハンキョウを呼ぶ。［反響］
オンキョウ設備。［音響］

頁　おおがい

項

コウ

入学試験の**ヨウコウ**。［要項］
コウモク別に分ける。［項目］

頼

ライ
たの(む)
たの(もしい)
たよ(る)

仕事を**イライ**する。［依頼］
シンライに応える。［信頼］

馬　うま

驚

キョウ
おどろ(かす)
おどろ(く)

キョウ天動地の事件。［驚］
キョウイ的な回復。［驚異］

馬　うまへん

駆

ク
か(ける)
か(る)

害虫を**クジョ**する。［駆除］
最新技術を**クシ**する。［駆使］

騒

ソウ
さわ(ぐ)

ソウゼンとした状況。［騒然］
ソウドウが起きる。［騒動］

髟　かみがしら

髪

ハツ
かみ

危機一**パツ**で助かる。［髪］
花の**カミカザ**り。［髪飾］

鬼　おに

鬼

キ
おに

疑心暗**キ**になる。［鬼］
百**キ**夜行の世界。［鬼］

魚　うおへん

鮮

セン
あざ(やか)

シンセンな野菜。［新鮮］
センドを保つ。［鮮度］

鹿　しか

麗

レイ
うるわ(しい)　高

容姿端**レイ**な女優。［麗］
美辞**レイ**句を並べる。［麗］

黒　くろ

黙

モク
だま(る)

提案を**モクサツ**する。［黙殺］
沈思**モッ**考する。［黙］

歯　はへん

齢

レイ

ジュレイ千年の名木。［樹齢］
ロウレイに達する。［老齢］

鼓　つづみ

鼓

コ
つづみ　高

士気を**コブ**する。［鼓舞］
胸の**コドウ**が高まる。［鼓動］

四字熟語　容姿端麗(ようしたんれい)…姿や形が美しい様子。

部首「出る順」ランキング

	［漢字］	［部首（部首名）］
1	奥	大（だい）
2	衛	行（ぎょうがまえ）
3	盾	目（め）
4	壱	士（さむらい）
5	術	行（ぎょうがまえ）
6	彩	彡（さんづくり）
7	疲	疒（やまいだれ）
8	項	頁（おおがい）
9	影	彡（さんづくり）
10	朱	木（き）
11	床	广（まだれ）
12	曇	日（ひ）
13	戒	戈（ほこづくり）
14	玄	玄（げん）
15	療	疒（やまいだれ）
16	畳	田（た）
17	扇	戸（とだれ）
18	殿	殳（るまた）
19	突	穴（あなかんむり）
20	是	日（ひ）
21	裁	衣（ころも）
22	尾	尸（かばね）
23	歳	止（とめる）
24	斜	斗（とます）
25	舞	舛（まいあし）
26	舟	舟（ふね）
27	鬼	鬼（おに）
28	街	行（ぎょうがまえ）
29	釈	釆（のごめへん）
30	趣	走（そうにょう）
31	需	雨（あめかんむり）
32	隷	隶（れいづくり）
33	誉	言（げん）
34	圏	囗（くにがまえ）
35	再	冂（どうがまえ）
36	煮	灬（れんが）
37	柔	木（き）
38	罰	罒（あみがしら）
39	雄	隹（ふるとり）
40	豪	豕（ぶた）
41	威	女（おんな）
42	翼	羽（はね）
43	珍	王（おうへん）
44	越	走（そうにょう）

45 烈 灬（れんが）
46 甘 甘（かん）
47 雌 隹（ふるとり）
48 載 車（くるま）
49 敏 攵（のぶん）
50 更 曰（ひらび）
51 傾 亻（にんべん）
52 屈 尸（かばね）
53 我 戈（ほこづくり）
54 麗 鹿（しか）
55 軒 車（くるまへん）
56 輩 車（くるま）
57 含 口（くち）
58 至 至（いたる）

59 箇 ⺮（たけかんむり）
60 競 立（たつ）
61 井 二（に）
62 延 廴（えんにょう）
63 秀 禾（のぎ）
64 戯 戈（ほこづくり）
65 却 卩（わりふ）
66 蓄 艹（くさかんむり）
67 翌 羽（はね）
68 吹 口（くちへん）
69 倒 亻（にんべん）
70 窓 穴（あなかんむり）
71 委 女（おんな）
72 隠 阝（こざとへん）

73 剤 刂（りっとう）
74 驚 馬（うま）
75 菓 艹（くさかんむり）
76 裏 衣（ころも）
77 粒 米（こめへん）
78 透 辶（しんにょう）
79 壊 土（つちへん）
80 微 彳（ぎょうにんべん）
81 帽 巾（はばへん）
82 盗 皿（さら）
83 勧 力（ちから）
84 歓 欠（あくび）
85 環 王（おうへん）
86 響 音（おと）

87 殖 歹（かばねへん）
88 痛 疒（やまいだれ）
89 盆 皿（さら）
90 御 彳（ぎょうにんべん）
91 屋 尸（かばね）
92 劣 力（ちから）
93 賦 貝（かいへん）
94 離 隹（ふるとり）
95 監 皿（さら）
96 紫 糸（いと）
97 避 辶（しんにょう）
98 鮮 魚（うおへん）
99 票 示（しめす）
100 薪 艹（くさかんむり）

著者

岡野秀夫　おかの ひでお

システムコンサルタント。中央省庁のWEBサイト、都市銀行のインターネットバンキング、携帯電話会社の基幹システム、大手文具通信販売サイトなど数多くのシステム開発プロジェクトに参画する一方、最新の教育理論を取り入れ効率的な記憶学習を実現したe-learning(パソコン上での学習)システムを独自に開発。漢字検定のほか英語検定、運転免許学科試験、宅建、行政書士など各種資格試験の学習コンテンツを無料公開し、多くの個人・法人から支持されている。

〈著書〉

『５時間で合格！漢検２級[超頻出]ドリル　改訂版』『同準２級』『同３級』『７日でできる！英検®２級[頻出度順]合格ドリル』『同準２級』『同３級』『同４級』『英検®でる単　２級』『同準２級』『同３級』『同４級』『同５級』（高橋書店）

【漢字検定・漢検WEB練習問題集】　URL　http://www.kanjihakase.com/

※「漢字検定」「漢検」は、公益財団法人 日本漢字能力検定協会の登録商標です。

※字体や部首の採点は、日本漢字能力検定協会発行の『漢検　漢字辞典』『漢検要覧　2～10級対応』に示すものを正解とする漢検の基準に従っています。

受検をお考えの方は、必ずご自身で公益財団法人 日本漢字能力検定協会の発表する最新情報をご確認ください。
ホームページ：https://www.kanken.or.jp/kanken/
【試験に関する問い合わせ】
・ホームページ（問い合わせフォーム）：**https://www.kanken.or.jp/kanken/contact/**
・電話：**0120-509-315**

5時間で合格！

漢検４級[超頻出]ドリル

著　者　岡野秀夫
発行者　高橋秀雄
編集者　根本真由美
発行所　**株式会社 高橋書店**
〒170-6014 東京都豊島区東池袋3-1-1 サンシャイン60 14階
電話　03-5957-7103

ISBN978-4-471-27564-8　©TAKAHASHI SHOTEN　Printed in Japan

定価はカバーに表示してあります。

本書の内容についてのご質問は「書名、質問事項（ページ、内容）、お客様のご連絡先」を明記のうえ、郵送、FAX、ホームページお問い合わせフォームから小社へお送りください。
回答にはお時間をいただく場合がございます。また、電話によるお問い合わせ、本書の内容を超えたご質問にはお答えできませんので、ご了承ください。本書に関する正誤等の情報は、小社ホームページもご参照ください。

【内容についての問い合わせ先】
書　面　〒170-6014 東京都豊島区東池袋3-1-1 サンシャイン60 14階　高橋書店編集部
ＦＡＸ　03-5957-7079
メール　小社ホームページお問い合わせフォームから　(https://www.takahashishoten.co.jp/)

【不良品についての問い合わせ先】
ページの順序間違い・抜けなど物理的欠陥がございましたら、電話03-5957-7076へお問い合わせください。ただし、古書店等で購入・入手された商品の交換には一切応じられません。